RUBANS DE SOIE

SC

Sheena Cable

RUBANS DE SOIE

Broder plus de 25 projets aux motifs raffinés

ARTS D'INTÉRIEURS
ARMAND COLIN

DMC

REMERCIEMENTS

J'ai pris un immense plaisir à écrire ce livre. Je me suis fait plein de nouveaux amis et de nouvelles relations dont je n'aurai pas la place de citer ici tous les noms, mais qu'ils sachent que j'apprécie réellement tout ce qu'ils ont fait pour moi. De nombreuses personnes m'ont aidée et encouragée.
Il m'est difficile de décider dans quel ordre je dois les remercier, mais je classerais bien en premier Rosemary Wilkinson qui m'a demandé d'écrire ce livre puis qui, tout au long de sa réalisation, m'a témoigné beaucoup de patience et de gentillesse.
Ensuite, je dois remercier Jane Lang, une amie chère et une femme d'aiguille fort compétente. À partir d'idées parfois très vagues, Jane a fait de mes broderies des objets finis. Malgré ses charges de jeune mère de famille, elle s'est toujours arrangée pour terminer les ouvrages dans des délais pourtant serrés. Merci, Jane, je vous suis très redevable.
Un grand merci à Pat Garfield et à Audrey Willows, deux anciens élèves. Audrey a fabriqué les deux boîtes à bijoux, et Pat a imaginé et fabriqué les cartes décorées de papillons. Tous deux sont d'excellents brodeurs de rubans.
À Enid Garner, qui a confectionné le gilet de soirée, merci.
À mon amie Helen qui m'a aidée en de nombreuses occasions en gardant ma tribu d'enfants alors qu'elle en a elle-même une, merci.
Enfin, merci à ma famille. À mes enfants qui ont bien voulu s'enthousiasmer pour mon travail, sans jamais se plaindre du manque de balades pendant les vacances d'été.
À mon mari, Richard, à qui je suis dévouée, merci d'avoir cru en moi, même quand je doutais.

Publié au Royaume-Uni en 1996 sous le titre «Silk Ribbon Embroidery» par New Holland Publishers Ltd, 24 Nutford Place, Londres W1H 6DQ

Création et production : Rosemary Wilkinson Publishing, 4 Lonsdale Square, Londres N1 IEN

Traduction-adaptation de Marie Pieroni

ISBN : 2-84229-028-3
Code éditeur : I00028

Direction artistique : Sara Kidd
Photographies : Caroline Arber
Illustrations : Carol Hill
Conception graphique : Eileen Batterberry

Dépôt légal : octobre 1996
1re édition
Photogravure : Hirt and Carter (Pty) Ltd
Imprimé et relié à Singapour par Tien Wah Press (Pte) Ltd
Achevé d'imprimer en août 1996

SOMMAIRE

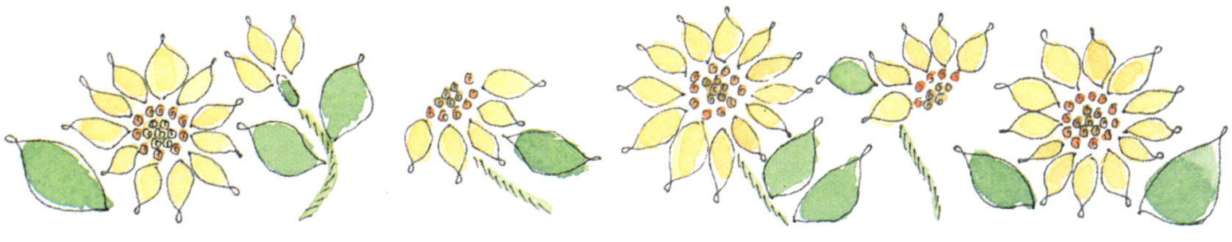

Introduction

Quand on m'a demandé d'écrire ce livre, j'ai immédiatement pensé à certaines idées qui me sont chères. Tout d'abord, je voulais que mes réalisations soient expliquées le plus simplement possible afin d'être comprises par tous. Outre les explications qui décrivent les différentes étapes de la broderie et de la confection, j'ai donc ajouté à plusieurs endroits des remarques qui garantissent le succès des ouvrages.

Ensuite, j'ai souhaité que chacun trouve un intérêt à ce livre. C'est pour cela que tous les niveaux d'habileté y sont abordés, des ouvrages pour débutants (voir le traversin de la page 24) à ceux qui seront un défi à relever par les brodeuses expérimentées (voir l'arbre fleuri de la page 114). L'art de broder avec des rubans de soie n'ayant fait sa réapparition que depuis deux ans dans certains pays, j'ai essayé de rendre la plupart des ouvrages accessibles à des personnes ne possédant que peu ou pas d'expérience. Votre travail sera facilité si vous prenez le temps, avant de commencer, de lire le chapitre "Premiers pas" concernant le matériel et les techniques de base. Même s'il est tentant de démarrer tout de suite un ouvrage qui vous a séduite, cela vaut la peine d'effectuer une petite préparation. Le chapitre "Points de base" explique et illustre tous les points de broderie nécessaires à la confection des ouvrages.

Comme vous le verrez en feuilletant mon livre, j'ai rassemblé un large choix d'ouvrages, du linge de table aux simples cartes de vœux, en passant par les garnitures de chapeaux et les patchworks matelassés. Au fil des pages, j'espère que vous trouverez non seulement de beaux objets mais aussi des objets utiles. Peut-être que ce cadeau de baptême ou de mariage très original et personnel que vous avez cherché dans toutes les boutiques se trouve ici, dans mon livre : un semblable ouvrage, si l'on en prend soin, peut se transmettre de génération en génération.

La broderie avec des rubans de soie, ou broderie rococo comme on l'appelait parfois, a vu le jour en France vers 1750. À l'époque, elle était très utilisée sur les vêtements portés à la Cour. Peu de temps après, elle fut importée en Angleterre pour le même usage.

Du Royaume-Uni, l'art de broder avec des rubans de soie se répandit en Amérique, en Australie et en Nouvelle-Zélande. Les Américains commencèrent à cultiver des mûriers afin de fabriquer leur propre soie. Mais l'Orient disposant d'une production bien plus abondante et bon marché, la plupart de nos rubans viennent désormais d'Extrême-Orient.

À la fin du XIXe siècle, cet art connut une de ses nombreuses renaissances. De superbes rubans multicolores étaient fabriqués en France et utilisés jusque dans le Royaume-Uni et les États-Unis.

Depuis, l'art de broder avec des rubans de soie connut des hauts et des bas. Le Victoria & Albert Museum de Londres possède quelques belles pièces dont certaines sont exposées. Je citerai par exemple un très joli sac anglais en velours noir datant de 1840, brodé de rubans de soie et de voile de crêpe, dont le travail très délicat a parfaitement survécu au temps.

À la fin du XIXe siècle, les magazines féminins donnaient des idées pour utiliser les rubans brodés : on suggérait

souvent de les marier avec de la dentelle et des rubans de satin, sur les ombrelles, les sacs du soir, les crinolines...

À l'époque victorienne, le retour à la mode de cet art suscita un immense engouement. On travaillait les rubans de soie avec différents matériaux comme des perles, de la dentelle et des boutons, et on en ornait de nombreux articles, y compris les écrans de cheminée, gants, chapeaux, sacs du soir et vêtements. La photographie devenant très populaire, les dames réalisaient de minutieuses broderies avec des rubans de soie, de la dentelle et des perles, sur du tissu somptueux, afin d'encadrer leurs précieuses photographies de famille.

L'actuel regain d'intérêt en faveur de la broderie avec des rubans de soie a commencé en 1987 en Australie, et a gagné l'Amérique. Cet art est actuellement très populaire au Royaume-Uni. Le vaste choix de rubans de soie disponibles dans une fabuleuse palette de couleurs le rend accessible à tous. Vous pouvez commencer avec un bout de tissu et quelques rubans. Les motifs employés de nos jours varient du style ancien au style contemporain et, comme vous le verrez dans ce livre, ils peuvent être brodés sur de nombreux objets, des vêtements au linge de maison. J'espère sincèrement que l'art de la broderie avec des rubans de soie ne s'éteindra pas de si tôt. Moi-même, j'ai l'intention de faire tout mon possible pour l'aider à vivre, avec vous.

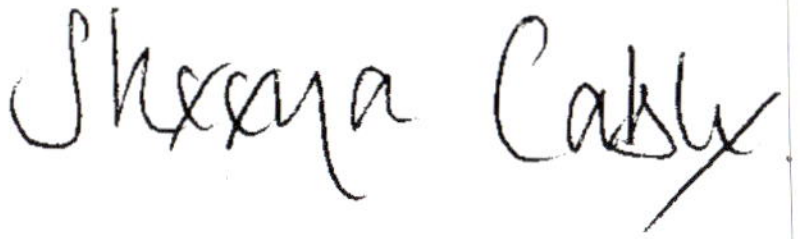

Premiers pas

Les aiguilles

Pour broder avec des rubans de soie, vous avez besoin d'aiguilles chenille car elles sont munies d'un grand chas. Mon aiguille chenille préférée est la n° 18. Il en existe d'autres tailles, mais l'aiguille n° 18 a l'épaisseur requise pour broder parfaitement toutes les largeurs de rubans.

Pour les fils à broder, vous pouvez utiliser n'importe quelle aiguille avec laquelle vous vous sentirez à l'aise. On choisit en général une aiguille à broder de taille moyenne, munie d'un bout pointu.

Les autres fournitures

Il y a quelques autres fournitures indispensables. En premier lieu, vous devez travailler en tendant le tissu sur un cadre ou un tambour à broder de façon à assurer aux points une tension correcte. Pour les ouvrages de ce livre, j'ai utilisé des tambours de différents diamètres allant de 13 à 30 cm. La taille de l'ouvrage détermine la taille du tambour. Je privilégie le tambour de 20 cm car c'est une taille adaptée à la plupart des travaux. Lorsque la taille du tambour n'est pas précisée pour l'un ou l'autre des ouvrages de ce livre, il est plus que probable que j'ai utilisé un tambour de 20 cm.

Au lieu d'un modèle traditionnel, on peut utiliser un tambour autobloquant en plastique. Ceux-ci fonctionnent bien, sans marquer le tissu ; leur prise en main est agréable et sûre. À quelques occasions, pour de grands ouvrages, j'ai utilisé un cadre à tapisserie. Le choix entre tambour et cadre dépend uniquement des préférences de chacun : choisissez l'appareil avec lequel vous obtenez le plus de confort de travail.

Des épingles sont également nécessaires, ainsi qu'un crayon à transfert de couleur pâle ou une craie de tailleur. Un mètre-ruban est indispensable. Enfin, vous avez besoin d'une paire de ciseaux à broder à bouts pointus.

Les rubans

Pour l'ensemble de ce livre, à quelques exceptions près où cela est indiqué, j'ai utilisé des rubans de pure soie. Le ruban de pure soie a un toucher qui lui est propre. Il se prête magnifiquement à la création de pétales de fleurs et de feuillages : comme dans la nature, jamais deux pétales ne sont semblables. Les rubans de soie existent en différentes largeurs : 2 mm, 4 mm, 7 mm, 13 mm et 32 mm. La largeur en 4 mm est la plus appréciée et la plus répandue. Les rubans plus étroits sont utilisés pour les petits détails et les travaux délicats.

On trouve à présent de nombreux rubans synthétiques sur le marché et j'en ai travaillé quelques-uns pour ce livre. J'ai particulièrement aimé travailler les rubans diaprés car ils sont semblables aux rubans de soie utilisés pour broder les robes à la Cour de France au XVIIIe siècle. Les rubans synthétiques tiennent une place importante dans le monde des rubans brodés. Je vous recommande cependant de n'employer que ceux qui ont été spécialement fabriqués pour la broderie afin d'éviter des déceptions au moment de laver votre ouvrage.

J'ai aussi utilisé du ruban de satin pour confectionner des roses et du ruban à lisière métallisée pour les nœuds et pour certaines roses, sur des ouvrages destinés à l'exposition et que je savais ne jamais devoir être lavés.

Les quantités

Les fabricants vendent maintenant les rubans de soie en conditionnement commode, sous forme de bobines de 2 à 5 mètres.

Pour éviter les déceptions, je conseille toujours d'acheter 50 cm de plus que la quantité indiquée pour l'ouvrage, car personne ne brode des

points de la même tension ni de la même grandeur.

Les fils

Le fil à broder à six brins Mouliné DMC est utilisé pour ajouter des détails aux broderies de rubans et pour servir de base à certains points, comme la rose étoilée. De très petites quantités sont nécessaires surtout que l'on travaille généralement avec deux brins, mais il est utile d'avoir plusieurs coloris à assortir aux rubans. Le fil à broder servant principalement à dessiner les tiges et les folioles des motifs floraux, une sélection riche en nuances de vert sera particulièrement utile.

Le Coton Perlé DMC est un fil plus épais que le Mouliné DMC à six brins, mais il est utilisé de la même façon. On emploie aussi du Mouliné DMC or pour enrichir un ouvrage (voir carte des couleurs pages 127 et 128).

Les perles

Les perles embellissent naturellement les broderies en rubans de soie. Dans ce livre, j'ai employé des petites perles en nacre et en verre, mais vous pouvez aussi broder des paillettes.

Les tissus

Je conseille vivement aux débutants d'acheter 50 cm de toile de coton.

J'adore la toile de coton avec son tissage bien dessiné qui se tend parfaitement sur le tambour à broder. C'est le tissu parfait pour débuter.

Beaucoup d'autres tissus se prêtent à la broderie avec des rubans de soie : toile damassée, lin, coton, taffetas moiré, velours et, bien sûr, toutes les étoffes de soie. Dans ce livre, j'ai essayé d'utiliser une grande variété de tissus pour montrer que la broderie avec des rubans de soie s'adapte à chacun d'entre eux. Les étoffes légères ou extensibles ne conviennent pas à ce genre de travail.

Conseils d'entretien

Les broderies réalisées avec des rubans de soie s'entretiennent très bien. Si vous désirez broder sur un tissu clair avec des rubans de couleurs vives, il est préférable de prélaver ces derniers. Un court temps de trempage dans de l'eau froide salée suffit au dégorgeage de la teinture tout en préservant les couleurs. Vous pouvez aussi laver les rubans de soie avec une lessive douce.

Il est préférable de s'assurer, avant de commencer la broderie, que le tissu choisi ne rétrécira pas. Renseignez-vous sur le lieu d'achat ou faites un essai en prélavant un carré de 8 cm.

La meilleure manière de laver un ouvrage terminé est de le glisser dans une vieille taie d'oreiller ou un filet à laver les bas, et de le laver en machine à 30° (programme lainage) avec une lessive douce. Il ne faut pas essorer l'ouvrage, mais le suspendre pour le faire sécher. Si la broderie paraît aplatie une fois sèche, vaporisez-la avec un peu d'eau pour qu'elle reprenne du relief. Il ne vous reste plus alors qu'à repasser l'ouvrage en évitant les endroits brodés.

Les diagrammes et les gabarits

La plupart des ouvrages de ce livre sont représentés en diagrammes. Quand un diagramme est au format réel, il peut être directement reporté sur le tissu. Pour cela, je suggère de le décalquer puis de le reporter sur le tissu à l'aide d'un crayon à transfert. Si vous le désirez, vous pouvez aussi esquisser le motif à main levée. Il n'est pas essentiel de faire une copie exacte. Quand des patrons sont fournis, tracez-en les contours sur de la carte bristol ou du Rhodoïd, découpez-les puis reportez-les sur le tissu à l'aide d'une craie de tailleur ou d'un crayon.

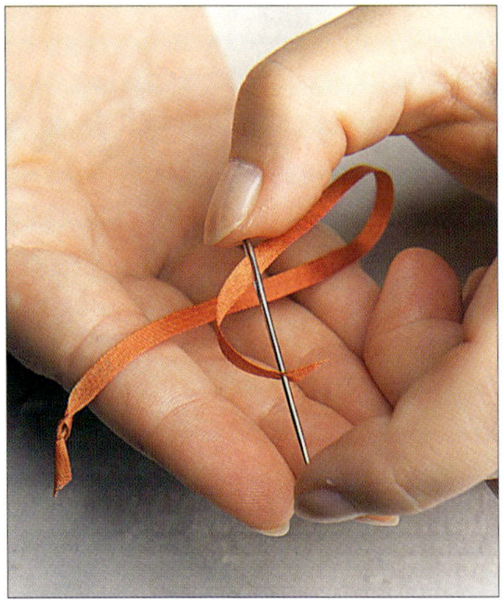

Comment commencer une aiguillée

Vous devez toujours couper les rubans de soie en biais afin d'éviter qu'ils ne s'effilochent. Utilisez des aiguillées courtes – pas plus de 25 cm pour les rubans étroits (2 et 4 mm) et encore moins pour les rubans plus larges – sinon les rubans s'abîmeront et fileront.

Je vous conseille de fixer le ruban à l'aiguille. Pour cela, enfilez le ruban dans le chas en le laissant dépasser d'environ 1 cm, puis piquez l'aiguille dans le ruban comme indiqué sur la photographie. Tirez doucement sur l'autre bout jusqu'à ce que l'extrémité du ruban soit coincée dans le chas. Il ne vous reste plus qu'à nouer le bout du ruban (avec un nœud plat ordinaire) et vous êtes prête à commencer.

Tension des points

À la fin de chaque point, plutôt que de le tirer, laissez le ruban souple et bien à plat sur l'envers du tissu. Ainsi, il trouvera en douceur son mouvement propre.

Comment terminer une aiguillée

Quand vous avez fini une aiguillée, amenez le ruban sur l'envers et placez-en l'extrémité en diagonale. Enfilez du fil à coudre DMC sur une aiguille à broder et piquez à l'extrémité du ruban. Ne piquez pas dans le tissu car cela pourrait se voir sur l'endroit du travail. Faites quelques points pour fixer l'extrémité du ruban à un ruban précédemment brodé, puis coupez le fil. Il est préférable de travailler zone par zone plutôt que de faire courir le ruban sur l'envers du travail, car il risquerait alors d'être accroché et le travail déjà réalisé serait gâché.

Quand épingler les rubans

Lorsque je réalise un nœud ou une courbe, j'épingle toujours très solidement le ruban dans sa première position. Il est important de bien fixer les épingles afin d'empêcher tout déplacement du ruban. Il est impossible de repositionner celui-ci une fois brodé.

Comment broder les perles

Il vous faut utiliser une aiguille à perles, longue et très fine, car les trous des petites perles de nacre et de verre sont minuscules.

Pour broder plusieurs perles sur un ouvrage, j'ai une méthode rapide qui évite de faire un point à chaque perle : j'amène le fil sur l'endroit du tissu, je pique à travers la perle, je pique vers l'envers, je ramène l'aiguille sur l'endroit, je pique dans une autre perle et ainsi de suite jusqu'à ce que le nombre souhaité de perles soit cousu.

Comment confectionner un gland

Expliquer la confection d'un gland peut vite devenir très technique avec les notions de chaîne et de trame, sans parler de l'utilisation d'un gabarit. Pour les ouvrages de ce livre, j'ai confectionné des glands très simples nécessitant des matériaux ordinaires : du fil à broder DMC, un peu de carton et une paire de ciseaux.

D'abord, il convient de déterminer la longueur du gland, puis de découper un morceau de carton de la même longueur et d'une largeur de 5 cm environ. Enroulez le fil à broder autour du carton, dans le sens de la hauteur, environ vingt à trente fois : plus vous enroulerez, plus le gland sera volumineux.

Coupez le fil puis préparez une petite aiguillée de même coloris. Glissez l'aiguille au sommet du carton, sous l'épaisseur de fils enroulés, puis tirez jusqu'à dégager la moitié de l'aiguillée. Retirez l'aiguille et nouez ensemble les deux extrémités du fil, bien fermement, pour serrer le haut du gland.

Coupez les fils au ras du bas du carton. Nouez l'extrémité d'un fil à broder autour du gland, à 1 cm du haut, puis enroulez-le trois ou quatre fois avant de faire un nœud. Égalisez le bas du gland.

POINTS DE BASE

Ce chapitre présente tous les points de broderie utilisés dans les ouvrages de ce livre. Les photographies montrent les différentes étapes de réalisation ainsi que le point terminé avec sa tension correcte. J'ai fait figurer mes mains sur certaines photographies quand j'ai jugé qu'il était important de voir comment tenir le ruban ou l'aiguille.

Il est préférable de s'exercer sur des chutes de tissu. Vous pouvez aussi réaliser votre propre carte d'échantillons dans le même esprit que l'herbier de la page 118.
On ajoute souvent des détails avec du fil à broder DMC. Le point de tige est le plus courant mais le point arrière et le point de plume sont aussi fréquemment utilisés.

Ces points sont expliqués à la fin du chapitre où vous verrez aussi comment confectionner une rose avec du ruban en satin.
Dans un souci de clarté, j'ai utilisé des rubans courts pour les photographies. Mais tous les points doivent être travaillés normalement, c'est-à-dire avec une aiguillée de 25 cm, comme cela est indiqué page 12.

Le point lancé ▶
C'est un point universel utilisé pour les pétales, les effets de vannerie (comme dans les arbres des pages 110 et 114) et pour les motifs abstraits ou géométriques.

1 Sortez l'aiguille sur l'endroit du tissu. Placez le ruban à plat contre le tissu, dans le sens opposé à celui où vous souhaitez broder, en le maintenant légèrement tendu à l'aide d'une deuxième aiguille tenue de l'autre main.
2 Piquez l'aiguille à l'autre extrémité du point tout en laissant la deuxième aiguille sous le ruban pour éviter qu'il ne s'entortille. Tirez le ruban sur l'envers jusqu'à ce que le point soit un peu tendu, mais sans froncer le tissu.

3 Une fois terminé, le point doit être parfaitement parallèle au tissu. Il peut arriver que vous souhaitiez obtenir un point lancé avec un effet torsadé. Dans ce cas, enroulez le ruban une fois sur lui-même avant de le maintenir tendu avec la seconde aiguille.

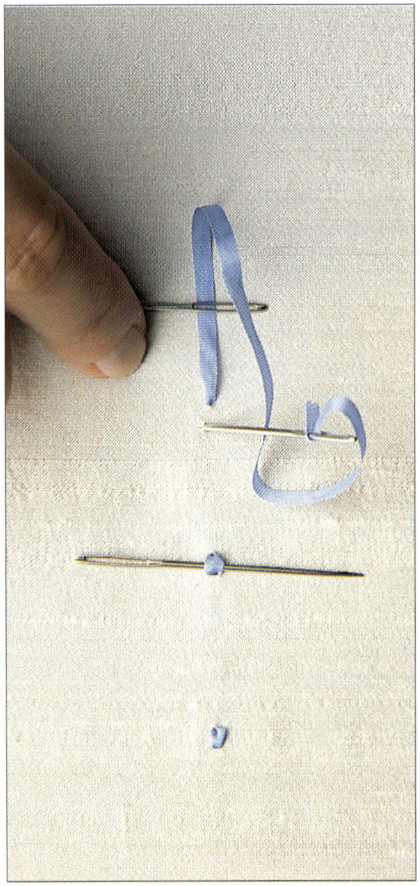

Faites passer le nouveau ruban par-dessus le premier, puis ressortez sur l'envers en piquant sous le point lancé. Les ligatures doivent être bien fermes.
3 Travaillez d'un bout à l'autre du point lancé en espaçant les ligatures le plus régulièrement possible. Il est à noter que, pour la photographie, j'ai fait les ligatures assez lâches afin que l'on puisse bien voir le travail. Plus les ligatures seront fermes, plus le ruban de base sera froncé.

Le point lancé lié ▲
Ce point peut être utilisé comme bordure autour d'un ouvrage ou pour broder une lettrine.

1 Faites un point lancé (voir page 16) de la longueur voulue, horizontalement ou verticalement.
2 Amenez un ruban de même couleur ou d'une couleur différente sur l'endroit, sous le point lancé.

Le point de ruban ▶
Il s'agit certainement du point le plus connu et le plus largement utilisé. Il convient pour les pétales, les feuilles et les motifs abstraits.

1 Sortez l'aiguille sur l'endroit au point qui sera la base de la feuille ou du pétale. Couchez le ruban sur le tissu dans le sens où vous voulez orienter le point. Tout en maintenant le ruban, piquez l'aiguille au centre, au point qui sera le sommet de la feuille ou du pétale. Tirez l'aiguille sur l'envers à travers le ruban et le tissu.
2 Tirez l'aiguille jusqu'à ce que le ruban forme une boucle puis continuez à tirer avec précaution pour obtenir la forme d'une feuille. Si vous tirez le ruban trop rapidement, vous n'obtiendrez qu'un fin trait de ruban qui sera malheureusement irrécupérable. La clef du succès de ce point est de travailler très lentement.
3 Pour obtenir un point bouffant, au lieu de laisser le ruban à plat, poussez-le en direction du sommet du point, puis piquez l'aiguille à travers comme décrit précédemment.

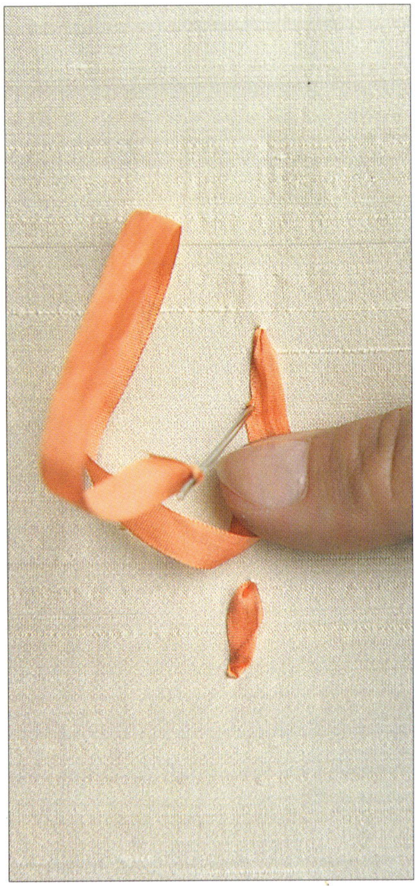

vous pourrez juger si l'espace restant conviendrait mieux à la courbe d'un point de ruban asymétrique ou à la forme un peu plus épaisse d'un point de ruban.

1 Travaillez exactement comme pour le point de ruban, mais en piquant l'aiguille du côté gauche ou du côté droit du ruban.

2 Ce point génère un mouvement intéressant de torsade ou de courbe, et il est idéal pour les feuilles et les pétales. Vous pouvez choisir de courber le point vers la droite ou vers la gauche, selon le côté du ruban où vous piquez.

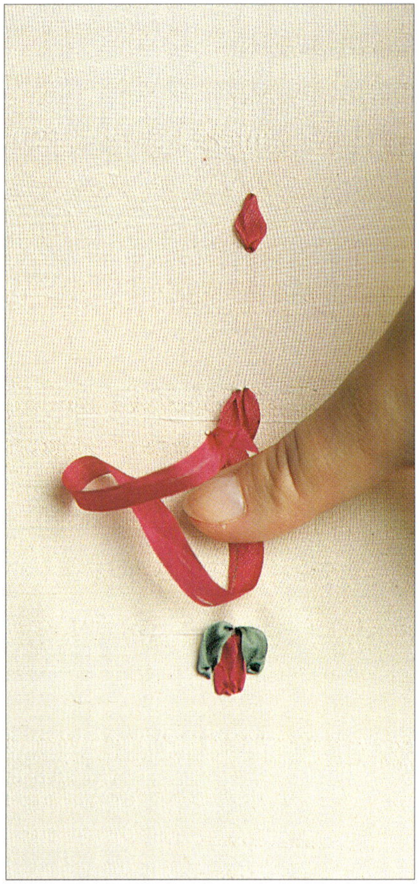

Le point de ruban asymétrique ▲

Ce point est utilisé à la place du point de ruban de la page 17 quand vous souhaitez donner un mouvement particulier à une feuille. Décider d'utiliser le point de ruban ou sa version asymétrique pour réaliser une fleur est une question de choix personnel. Une fois que vous aurez brodé quelques pétales au point de ruban,

Le point de ruban doublé ▶

Ce point est merveilleux pour réaliser des boutons de rose et, comme la photographie le montre, en ajoutant un petit point de ruban vert de chaque côté, le rendu est très réaliste.

1 Brodez un point de ruban ordinaire (voir page 17).

2 Brodez un second point de ruban juste à côté du premier, en démarrant aussi près que possible de la base de celui-ci.

J'ai tendance à travailler en faisant deux points de ruban asymétriques de façon que les pointes du sommet se trouvent dos à dos et étroitement rapprochées.

Prenez votre temps pour réaliser ce point car il arrive souvent que l'on pique le premier point en brodant le deuxième.

Le point de bouclette ▲
Le point de chaînette

Ce point est utilisé pour les fleurs – particulièrement pour les iris – pour les feuilles, les pétales et les motifs abstraits.

1 Sortez l'aiguille sur l'endroit du tissu. Formez une boucle avec le ruban. Piquez l'aiguille dans le tissu, le plus près possible de son point d'origine, puis faites-la ressortir sur l'endroit à l'autre extrémité du point, tout en gardant la boucle de ruban sous sa pointe.
2 Tirez le ruban jusqu'à ce que la boucle ait la taille voulue. Ne tirez pas trop fort. Piquez l'aiguille dans le tissu, juste de l'autre côté de la boucle afin de la fixer.
3 Pour réaliser un iris simple, ramenez l'aiguille sur l'endroit, au-dessous et à droite de la base de la boucle. Retournez l'aiguille et glissez-la sous la boucle (le chas en premier), puis tirez le ruban très souplement. Piquez l'aiguille dans le tissu à la même distance du bas de la boucle que précédemment mais du côté gauche.
Le point de chaînette est constitué de points de bouclette travaillés en ligne continue.

Le point de bouclette rempli ▶

Comme son nom l'indique, il s'agit de la version pleine du point de bouclette ouvert décrit ci-dessus.

1 Brodez un point de bouclette comme décrit précédemment.

Faites ressortir l'aiguille sur l'endroit, au bas de la boucle, et faites un point lancé souple au centre.
2 On peut remplir le point dans la même couleur que la boucle ou dans une autre teinte.

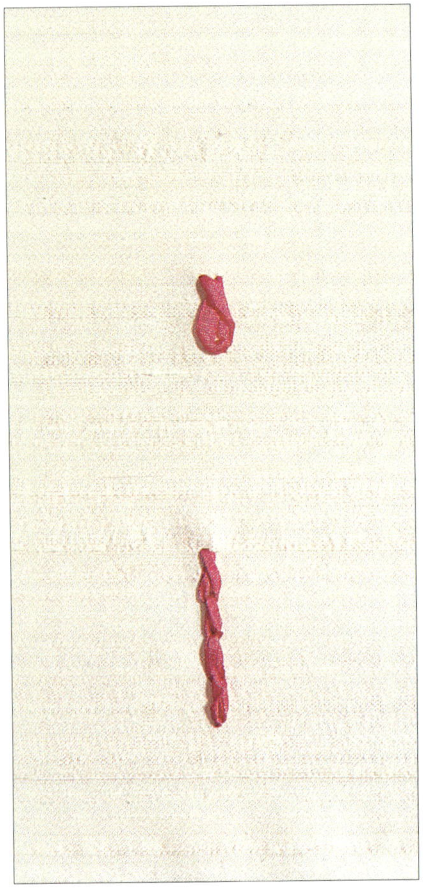

Le point de chaînette torsadé ▲
Un point linéaire très utile qui peut être travaillé en ligne droite ou courbe.

1 Sortez l'aiguille sur l'endroit du tissu et faites une boucle de gauche à droite avec le ruban. Piquez l'aiguille dans le tissu, le plus près possible de son point d'origine. Faites ressortir l'aiguille sur l'endroit, au-dessus des deux points d'origine, à l'autre extrémité du point. La boucle de ruban se trouve sous l'aiguille. Tordez la boucle en forme d'un huit traversé par l'aiguille. Tirez le ruban puis piquez l'aiguille au-dessus du troisième point pour fixer la boucle.
2 Amenez l'aiguille sur l'endroit, juste au-dessus de la première boucle, et répétez la première étape jusqu'à obtenir la longueur voulue.

La rosette de Merrilyn ▶
Ce nœud a été développé par Merrilyn Heazlewood, grande styliste d'ouvrages en rubans et enseignante. Il convient parfaitement aux ouvrages destinés à être régulièrement lavés.

1 Vous pouvez utiliser n'importe quelle largeur de ruban. Le travail démarre au centre du nœud. Faites un grand point de bouclette (voir page 19) horizontal vers la gauche. La taille du point est à déterminer en fonction de la rosette souhaitée.
2 Faites un deuxième point de bouclette horizontal, du centre vers la droite. Ramenez l'aiguille au centre et brodez un grand point lancé de haut en bas pour dessiner l'un des pans du nœud.

3 Ramenez l'aiguille au centre et brodez un deuxième pan. Faites le deuxième pan d'une longueur différente du premier et, si vous le souhaitez (je pense personnellement que c'est mieux), travaillez les pans en leur donnant un mouvement de torsade.
Revenez au centre et brodez un point lancé en diagonale par-dessus le centre du nœud.

2 Piquez l'aiguille dans le tissu, le plus près possible de son point d'origine.
Vous pouvez régler la tension et la taille du nœud en tenant le ruban de l'autre main et en le serrant plus ou moins souplement autour de l'aiguille.

Le point de nœud ▲
Il est utilisé pour le cœur des fleurs et il est vraiment approprié aux compositions de feuillages. Il est aussi employé pour fixer les bouts de ruban sur l'envers du tissu.

1 Sortez l'aiguille sur l'endroit. Enroulez le ruban une fois autour de la pointe de l'aiguille (deux fois pour un nœud plus gros).

Les bouillonnés ▶
Ce point peut être utilisé pour créer des fleurs et des motifs abstraits. Solidement fixé au tissu, il est bien adapté au travail sur les vêtements et les parures de lit pour lesquels les lavages sont fréquents.

1 Sortez l'aiguille sur l'endroit du tissu, au point qui sera le centre du bouillonné. Piquez l'aiguille à l'autre extrémité du bouillonné, puis faites-la ressortir le plus près possible du point d'origine sans pour autant repiquer dans celui-ci. Ne tirez que la moitié de l'aiguille hors du tissu.
2 Enroulez le ruban autour de l'aiguille autant de fois que cela est nécessaire pour recouvrir la hauteur prévue du bouillonné. Tirez doucement l'aiguille à travers le tissu et ramenez-la à la base du point. Tirez délicatement le ruban jusqu'à ce que le bouillonné soit bien serré contre le tissu.
3 Comme le montre la photographie, on peut créer de superbes roses avec des bouillonnés de couleurs vives dont on entoure la base de pétales réalisés au point de ruban bouffant, avec du ruban de 7 mm.

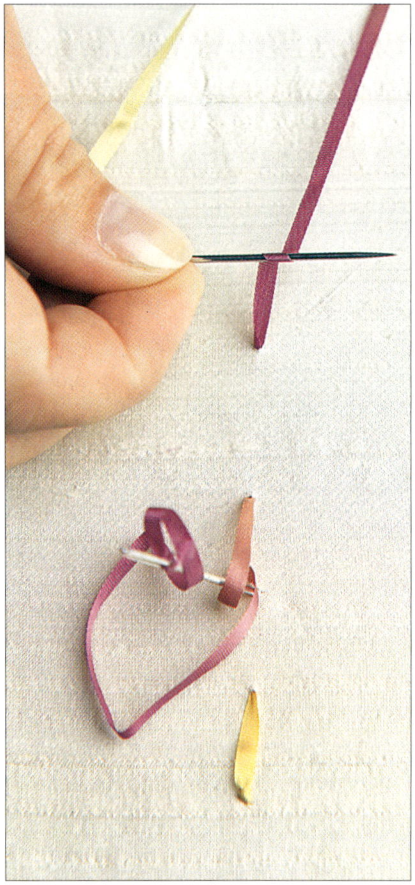

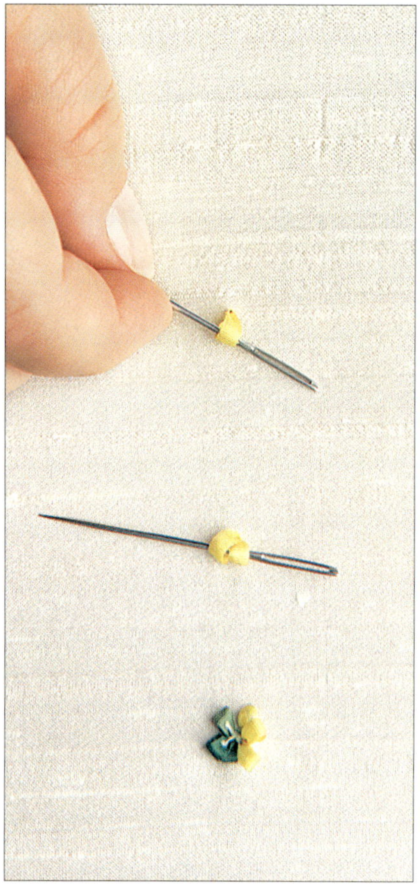

Le point de pistil ▲

Comme son nom le suggère, ce point est parfait pour réaliser les pistils des fleurs, mais il peut aussi servir aux motifs abstraits. Sa longueur est déterminée par la taille de la fleur à créer, le pistil devant être proportionnel aux pétales.

1 Sortez l'aiguille sur l'endroit du tissu et, comme pour le point lancé (voir page 16), maintenez le ruban dans le sens opposé à celui où vous souhaitez broder à l'aide d'une deuxième aiguille qui guide le ruban et l'empêche de s'entortiller.
2 Enroulez le ruban autour de l'aiguille de la même façon que pour le point de nœud (voir page 21).
3 Piquez l'aiguille dans le tissu en réglant la tension du ruban de la main gauche (de la main droite si vous êtes gaucher).

Le point bouclé ▶

Travaillé avec plusieurs teintes de rubans en 4 mm de large, il permet de réaliser des fleurs très séduisantes.

1 Sortez l'aiguille sur l'endroit du tissu, au centre de la fleur ou à l'endroit où vous souhaitez terminer la boucle. Faites une boucle autour d'une deuxième aiguille ou d'un crayon, selon la taille que vous voulez donner à la boucle définitive. Piquez l'aiguille dans le tissu près de son point d'origine en donnant à la boucle la taille souhaitée.
2 Ramenez l'aiguille sur l'endroit, tout près de la première boucle, et brodez une deuxième boucle en utilisant la même aiguille ou le même crayon pour obtenir une taille identique à la précédente. Travaillez en rond pour former une fleur, en gardant toujours l'aiguille ou le crayon glissés sous deux boucles afin d'obtenir des boucles de même taille.
3 Pour finir, vous pouvez broder deux ou trois points de nœud au centre ou un point de pistil (voir ci-contre) à la base de chaque boucle, avec du fil à broder DMC.

La rose étoilée ▲

C'est un point bien adapté aux vêtements et au linge de maison car il est solidement fixé au tissu.

1 Brodez une étoile à cinq branches avec deux brins de fil à broder DMC coordonné au ruban.
2 Amenez le ruban enfilé dans l'aiguille sur l'endroit, au centre de l'étoile. Passez l'aiguille sous le premier point, puis par-dessus le suivant. Continuez de la même façon en passant alternativement au-dessous et au-dessus des branches de l'étoile. Veillez à ce que le ruban ne soit pas trop tendu et imprimez-lui un léger mouvement de torsade à chaque point.
3 Travaillez en rond jusqu'à ce que l'étoile soit remplie. Ramenez le ruban sur l'envers du tissu.
Cette rose peut être très séduisante si elle est soigneusement travaillée avec deux rubans différents.

Le point de corail ▶

Un très joli point utilisé pour créer des fleurs quand il est travaillé en rond comme ici, mais qui peut aussi être utilisé de façon linéaire. C'est en vous y exerçant beaucoup que vous le réussirez. J'ai utilisé des rubans de différents coloris pour ajouter au charme de ce point.

1 Commencez par broder trois points de nœud (voir page 21) pour former le cœur.
2 Sortez l'aiguille sur l'endroit, juste à droite des points de nœud. Sur le contour du cœur, piquez l'aiguille puis faites-la ressortir mais sans la tirer, comme pour faire un petit point avant. Enroulez le ruban en le faisant d'abord passer sur l'aiguille puis sous la pointe. Tirez l'aiguille complètement.
3 Continuez de la même façon tout autour du cœur puis faites un deuxième tour. Les points doivent être bien proches les uns des autres. La tension des points détermine le volume des boucles qui doivent être le plus régulières possible.

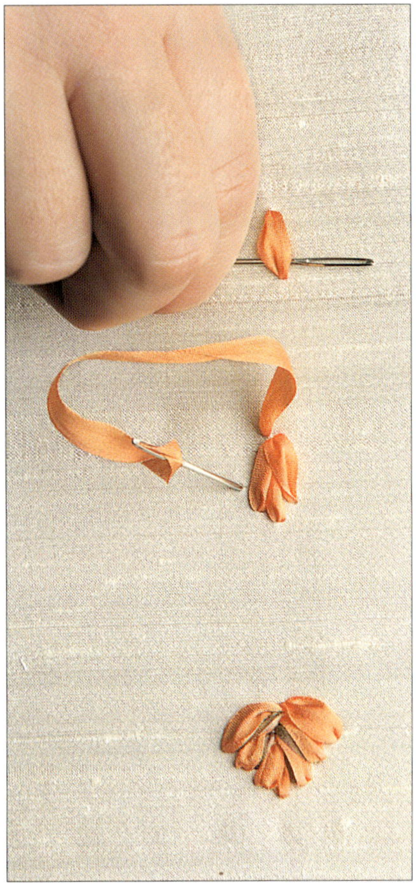

2 Pour faire le second point, ressortez l'aiguille à la base du premier point puis piquez à gauche et légèrement au-dessous du sommet de celui-ci. Commencez le troisième point à la base du deuxième et piquez à droite, légèrement en dessous du premier. Continuez à travailler de la même façon, alternativement à gauche et à droite du centre, jusqu'à ce que la fleur ait la taille voulue.

3 Pour terminer, si vous souhaitez faire comme sur la photographie, vous pouvez ajouter entre les points principaux quelques points d'une couleur différente. Rentrez-les sous les points principaux pour donner plus de contraste et d'effet à la broderie.

Le point en arête de poisson ▲
Utilisé pour réaliser des roses, il est d'un bel effet avec des rubans colorés.

1 Vous pouvez travailler de façon linéaire mais, pour cette leçon, j'ai créé une fleur. Brodez un point lancé pour former le centre de la fleur. La longueur de ce point détermine la taille de la fleur.

Le point avant surjeté ▶
C'est un point parfait pour faire des contours, écrire des mots ou parachever des effets de vannerie.

1 Brodez une ligne de points avant en suivant le contour de votre motif.

2 Avec un deuxième ruban (d'une teinte semblable ou différente), amenez l'aiguille sur l'endroit à la fin de la ligne de points avant, puis passez-la sous le premier point, de gauche à droite (ou vice versa si vous êtes gaucher).

3 Continuez de cette façon tout au long de la ligne en veillant à ce que les points soient souples et la tension aussi régulière que possible. Si vous le souhaitez, vous pouvez surjeter deux fois chaque point pour obtenir un effet de cordage avec plus de relief.

La rose froncée ▲

Une jolie rose bien épanouie qui peut être travaillée avec un seul ruban de 7 mm de large ou bien avec un deuxième ruban de 4 mm et de couleur différente.

1 Coupez 28 cm de ruban de 7 mm de large et, éventuellement, une longueur égale de ruban de 4 mm. Si vous utilisez deux rubans, placez le plus étroit sur le plus large, les lisières bien alignées. Nouez ensemble l'extrémité des rubans. Avec du fil à coudre, piquez dans le nœud puis cousez les rubans à petits points avant tout au long de la lisière.
2 Enfilez les rubans et le fil dans une aiguille chenille. Sortez l'aiguille sur l'endroit du tissu, à l'endroit désiré. Ôtez l'aiguille chenille. Préparez une aiguillée de fil sur une aiguille à coudre. Sortez l'aiguille à coudre sur l'endroit du tissu, juste à côté du ruban. Froncez un peu le ruban en tirant sur le fil et cousez-le au tissu. Froncez un peu plus et cousez. Continuez à travailler en rond, en fronçant et en cousant au fur et à mesure. Cousez toujours sous le cercle précédent, de façon que la base de la rose soit bien serrée.
3 Quand il ne vous reste plus que 4 cm de ruban, enfilez de nouveau les rubans dans l'aiguille chenille et amenez-les sur l'envers du travail, en piquant juste après le dernier point. Stoppez les rubans et les fils.

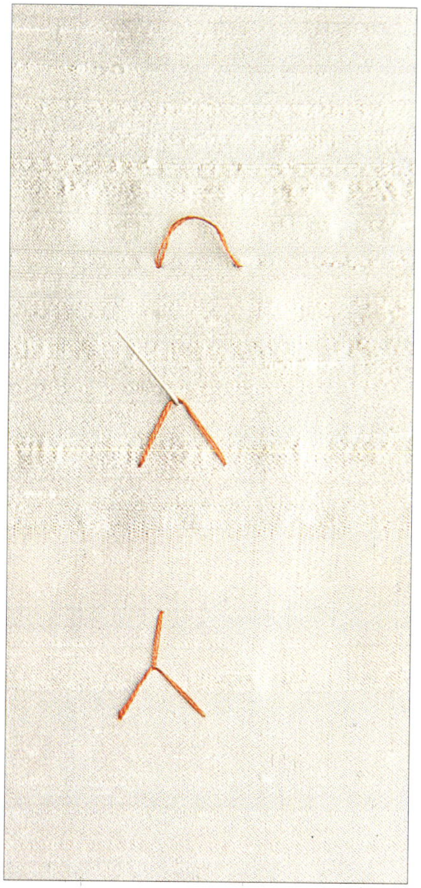

Le point de plume ▶ en Mouliné DMC

Un point très utile pour dessiner les calices des fleurs.

1 Ce point s'exécute de haut en bas. Sortez l'aiguille sur l'endroit du travail. Faites un point arrière (vers la droite) horizontal mais sans tirer le fil, puis faites tout de suite ressortir l'aiguille au milieu du point arrière mais plus haut.
2 Tirez le fil et piquez l'aiguille dans le tissu, au-dessus du point central.

Le point de tige
en Mouliné DMC ▲

C'est un point très utile non seulement pour dessiner les tiges des fleurs brodées avec des rubans, mais aussi pour tracer toutes sortes de contours. Vous pouvez broder des lignes courbes ou droites.

1 Sortez l'aiguille sur l'endroit du travail, au début de la tige ou du contour que vous souhaitez dessiner. Brodez un point lancé. Faites ressortir l'aiguille à mi-hauteur du point précédent, sur la même ligne. Piquez en arrière, toujours sur la même ligne, de façon à obtenir un point de même longueur que le premier et juxtaposé à celui-ci.
2 Continuez de la même façon jusqu'à ce que la tige ou le contour soient entièrement tracés.

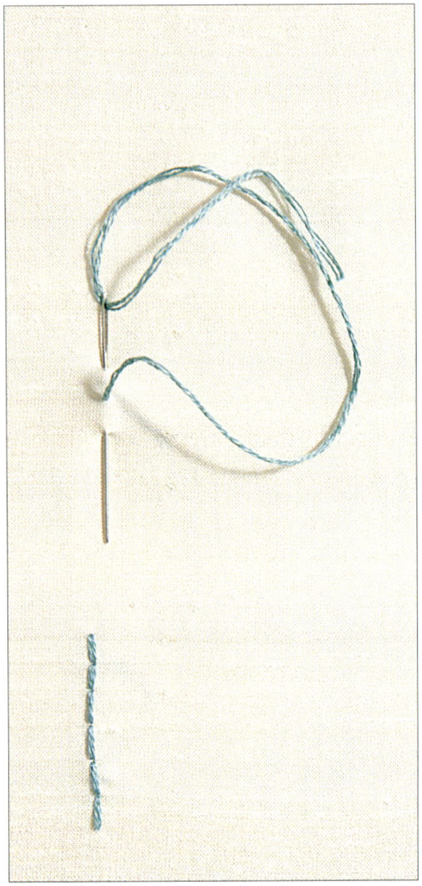

Le point arrière
en Mouliné DMC ▶

Le point arrière génère une ligne continue bien pratique pour dessiner des contours ou ajouter des détails à un motif.

1 Sortez l'aiguille sur l'endroit du travail, une longueur de point plus loin que l'origine du tracé, puis piquez à l'origine du tracé. Faites ressortir l'aiguille sur l'endroit, exactement sur le tracé, une longueur de point plus loin que le départ du premier point où vous repiquez ensuite.
2 Continuez de la même façon jusqu'à obtention de la longueur voulue.

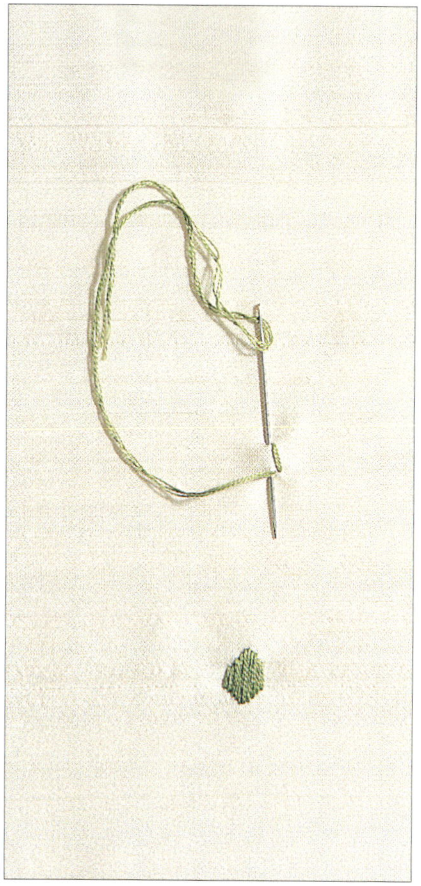

Le passé plat en Mouliné DMC ▲
Il est généralement utilisé pour remplir des zones unies.

1 Sortez l'aiguille sur l'endroit du travail, puis piquez à la longueur souhaitée. Faites ressortir l'aiguille sur l'endroit, aussi près que possible de l'origine du premier point, et piquez à la longueur souhaitée, bien parallèlement au premier point.

2 Continuez de cette façon jusqu'à ce que la zone soit remplie.

La rose en satin ▶
Les rubans en satin permettent de créer des roses en relief qui sont d'un bel effet, seules ou en bouquet. Comme leur entretien n'est pas aisé, il vaut mieux éviter d'en broder sur des vêtements.
Pour que la photographie soit plus explicite, un fil à coudre de couleur contrastée a été utilisé, mais vous choisirez bien entendu un fil de la même teinte que le ruban, de façon que les points de fixation soient invisibles.

1 On peut travailler avec un ruban en satin de n'importe quelle largeur. Il faut environ 50 cm de ruban par rose. Enfilez du fil à coudre DMC de la même couleur que le ruban dans une aiguille à broder à bout pointu. Coupez l'extrémité du ruban en biais et repliez-la sur elle-même. Enroulez trois fois le ruban sur lui-même pour obtenir un rouleau serré. Faites un point de couture pour fixer la base. Tenez le rouleau de la main droite et le reste de ruban de la main gauche. Retournez le ruban sur lui-même,

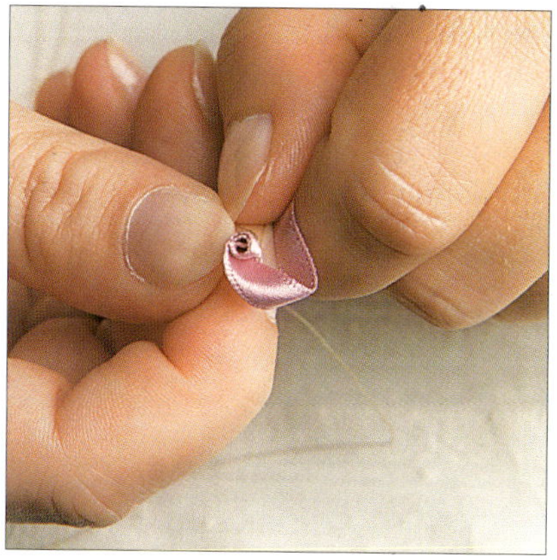

enroulez-le autour du rouleau et fixez-le.
2 Continuez à plier le ruban de la main gauche et à le fixer autour de la rose tenue dans la main droite, jusqu'à ce que la fleur atteigne la taille voulue.
3 Pour terminer, coupez le ruban en biais, repliez-le sur lui-même, fixez-le à la rose, puis cousez-le sur le tissu.

RÉALISATIONS

LA COURONNE DE LAURIER

Ce coussin est l'ouvrage idéal pour un débutant. Il est réalisé en toile de coton, un tissu commode à manipuler et facile à broder. Pour la broderie, je me suis inspirée du motif classique de la feuille de laurier et le drapé des finitions évoque une toge romaine.

IL VOUS FAUDRA :
90 cm de toile de coton écrue en 115 cm de largeur
3 m de ruban de soie vert émeraude en 7 mm de largeur
un cadre ou un tambour à broder
une craie ou un crayon à transfert
une aiguille chenille n° 18
une aiguille à broder ou similaire
du fil à broder Mouliné DMC vert émeraude
un coussin carré 40 x 40 cm
du fil à coudre DMC écru

La broderie du motif

1 La toile de coton étant susceptible de rétrécir au lavage, il est préférable de la prélaver. Et puisqu'il faut prévoir de nettoyer l'ouvrage, faites tremper les rubans dans de l'eau froide salée avant de les utiliser. Cela leur évitera de déteindre lors de lavages ultérieurs.

point lancé en diagonale
point de ruban
point de nœud

2 Défroissez soigneusement le tissu car il ne vous sera pas possible de repasser la broderie une fois l'ouvrage terminé.

3 Coupez un carré de toile de coton de 43 cm de côté et tendez-le sur le cadre ou sur le tambour à broder. Marquez le centre du tissu avec deux épingles ou une croix dessinée à la craie.

4 En partant du centre précédemment repéré, dessinez un cercle de 19 cm de diamètre au crayon ou à la craie. Avec une épingle verticale, marquez le milieu du motif en haut et en bas du cercle.

5 Enfilez le ruban vert et amenez l'aiguille sur l'endroit du tissu, à environ 3 cm à gauche et au-dessous de l'aiguille du bas. Placez le ruban en biais sur 7 cm, puis piquez l'aiguille dans le tissu pour réaliser un point

[redacted]

lancé en diagonale (ne tendez pas trop le ruban). Répétez ce point en démarrant cette fois à 3 cm à droite de l'épingle. Placez le ruban à plat sur le premier point et piquez pour obtenir une seconde diagonale croisant la première.

6 En commençant du côté gauche et 1 cm plus haut (voir le diagramme page 30), brodez les feuilles deux par deux autour du cercle, au point de ruban. Diminuez légèrement la taille des feuilles au fur et à mesure de votre progression. À 2 cm de l'épingle du haut, brodez une dernière feuille s'écartant légèrement du périmètre pour pointer vers le haut.

7 Répétez l'étape 6 pour broder le côté droit du cercle.

2 Placez-le sur le carré brodé, endroit contre endroit, et piquez les côtés à 1,5 cm du bord, en laissant une ouverture suffisante pour y glisser le coussin. Crantez les angles et retournez la housse sur l'endroit. Ne vous préoccupez pas de former les coins mais laissez-les arrondis.

3 Glissez le coussin dans la housse et fermez l'ouverture à points invisibles.

4 Avec la toile de coton restante, confectionnez une bande de 20 cm de large et d'une longueur égale au périmètre du coussin + 65 cm. Pliez-la dans le sens de la largeur, endroit contre endroit, et faites une piqûre à 1,5 cm du bord sur toute la longueur. Retournez la bande sur l'endroit.

5 Épinglez l'une des extrémités de la bande au-dessus du coin inférieur droit du coussin. Disposez-la jusqu'au coin inférieur gauche, nouez-la souplement de façon qu'elle épouse l'angle (voir croquis 1) et épinglez-la. Cousez la bande au coussin à points invisibles, en laissant les dix premiers centimètres libres. Procédez de la même manière pour les deux autres coins en cousant la bande le long du coussin.

6 Confectionnez le quatrième nœud un peu après le troisième. Glissez les extrémités de la bande l'une dans l'autre, en vous assurant que cette dernière s'ajuste bien au coussin. Retournez sur elle-même l'extrémité visible de la bande et cousez-la à points couchés (voir croquis 2). Faites glisser le quatrième nœud le long de la bande jusqu'au dernier coin : il masquera ainsi la couture. Cousez la bande le long du dernier côté.

VARIANTE

Si vous posez une fermeture à glissière, placez-la au milieu de la housse, sur l'envers du coussin, en ajoutant des parements sous les coutures.

croquis 1

croquis 2

LE TRAVERSIN

Un traversin donne toujours beaucoup d'élégance à un divan ou à une chaise longue. Pour celui-ci, j'ai imaginé un motif abstrait qui s'adaptera parfaitement à tous les intérieurs contemporains. Il s'agit d'un ouvrage simple convenant aux débutants. Si on le souhaite, on peut aussi broder sur un traversin tout fait.

IL VOUS FAUDRA :

un traversin et sa housse

ou

un traversin et du tissu pour le recouvrir, voir ci-contre (j'ai utilisé une toile damassée rayée)

une craie ou un crayon à transfert

un cadre ou un tambour à broder

une aiguille chenille n° 18

2,50 m de ruban de soie rouille en 4 mm de largeur

2 m de ruban de soie vert olive clair en 4 mm de largeur

2 m de ruban de soie vert olive foncé en 4 mm de largeur

un écheveau de fil à broder Mouliné DMC rouille

du fil à coudre DMC de la couleur du tissu

La broderie du motif

1 Pour la housse de traversin, il vous faut trois morceaux de tissu aux dimensions suivantes :

- longueur du traversin x circonférence + 1,5 cm tout autour pour les coutures,
- deux cercles de même diamètre que le traversin + 1,5 cm pour les coutures.

2 Tracez une ligne de chaque côté du morceau de tissu rectangulaire, à 7,5 cm des bords, à la craie ou au crayon. Tendez le tissu sur le cadre ou sur le tambour à broder.

3 Comme je travaillais sur du tissu rayé, il m'était facile de broder un motif par rayure. Si vous avez choisi un tissu uni, espacez vos motifs d'environ 3 cm, en veillant à ne pas broder dans les réserves prévues pour les coutures.

4 Pour chaque motif, dessinez un "V" de 3 cm de haut et d'environ 2,5 cm de large (voir diagramme ci-dessous).

5 Avec le ruban rouille, brodez les "V" en faisant deux grands points lancés.

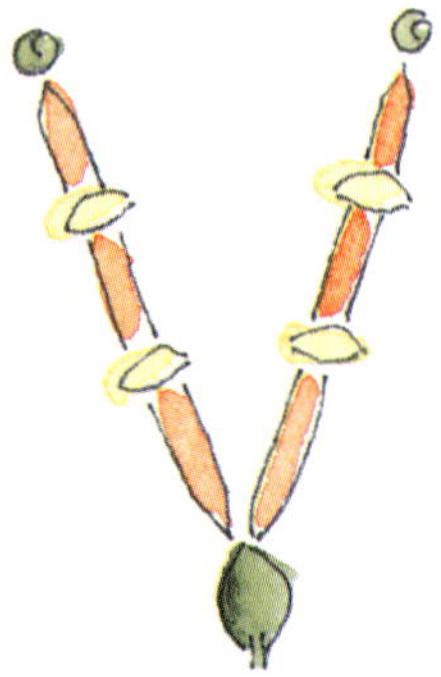

point lancé lié

point de nœud

point de bouclette

6 Avec le ruban vert olive clair, faites deux ligatures sur chacune des branches des "V" (les ligatures doivent être souples pour que les rubans rouille restent tendus).

7 Avec le ruban vert olive foncé, brodez un point de nœud au sommet de chacun des points lancés rouille.

8 Avec le même ruban, brodez un point de bouclette à la base de tous les "V".

9 Procédez de la même façon pour broder l'autre extrémité du

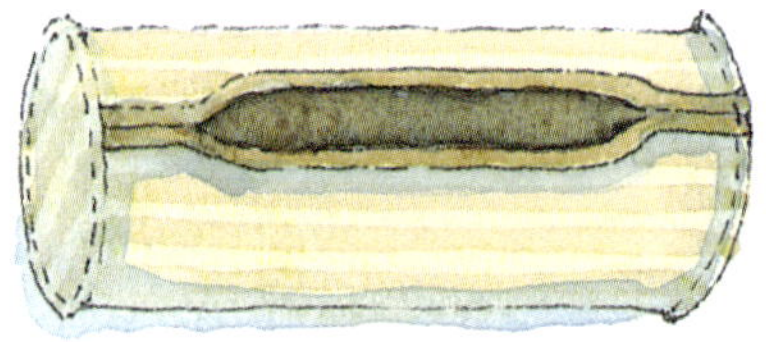

rectangle de tissu, mais vous pouvez, si vous le préférez, faire comme moi et inverser le sens des "V".

10 Marquez le centre des cercles de tissu avec deux épingles en croix. Sur chaque cercle, tracez quatre "V" de la même taille que précédemment, les pointes vers l'intérieur du cercle. Laissez un petit espace libre au centre.

11 Brodez les "V" comme précédemment mais sans points de bouclette à la base.

12 Avec le Mouliné DMC, confectionnez deux glands (voir page 13) et cousez-en un au centre de chaque cercle.

La confection du traversin

1 Pliez le rectangle de tissu en deux dans le sens de la hauteur, endroit contre endroit, et épinglez le grand côté. Faites une piqûre de 5 cm de long à chaque extrémité, à 1,5 cm du bord. Vous obtenez ainsi une ouverture assez large pour y glisser le traversin.

2 Aplatissez les coutures et les bords de l'ouverture au fer à repasser.

3 Épinglez l'un des cercles de tissu sur un côté de la housse, endroit contre endroit, en ayant soin de bien aligner les bords. Bâtissez puis piquez tout autour, à 1,5 cm du bord.

4 Procédez de la même façon à l'autre extrémité (voir croquis). Retournez la housse sur l'endroit. Glissez le traversin à l'intérieur et fermez l'ouverture à points invisibles.

L'OREILLER EN DENTELLE

Éparpiller quelques coussins sur un lit confère toujours à celui-ci plus de luxe et de séduction. On peut aisément réaliser ce petit coussin carré en ne connaissant que trois points. Les rubans de satin sont utilisés ici pour la première fois. Ils ne sont pas adaptés aux travaux de broderie, mais conviennent parfaitement à la confection de roses en relief. Si celles-ci ne peuvent être lavées, elles apportent aux ouvrages une indéniable note esthétique.

IL VOUS FAUDRA :

un coussin et sa housse blanche en coton ou en soie

ou

un coussin carré de 30 cm de côté, 50 cm de toile de coton blanche en 165 cm de largeur et 2,40 m de dentelle
une craie ou un crayon à transfert
un cadre ou un tambour à broder
une aiguille chenille n° 18
une aiguille à broder ou similaire
du fil à broder Mouliné DMC vert clair
1,50 m de ruban de satin rose foncé en 9 mm de largeur
du fil à coudre DMC rose foncé
1,50 m de ruban de soie vert clair en 7 mm de largeur
du fil à coudre DMC blanc

La broderie du motif

1 Si vous confectionnez vous-même le coussin, coupez deux carrés de toile mesurant chacun 33 cm de côté. Avec la craie ou le crayon, tracez un carré de 30 cm de côté au centre de l'un des deux carrés, sur l'endroit. Tracez une diagonale d'un coin à l'autre de ce carré. Tracez la diagonale opposée. Tracez des lignes parallèles aux deux diagonales, espacées entre elles de 4,5 cm, jusqu'à ce que le carré tracé soit entièrement recouvert d'un treillage.

2 Si vous travaillez avec un coussin tout fait, tracez le treillage sur l'une des faces comme cela est décrit à l'étape 1. Les lignes doivent aller d'un bord à l'autre.

3 Tendez le carré de tissu où le treillage est dessiné sur le cadre ou sur le tambour à broder. Avec deux brins de Mouliné DMC vert, brodez tout le treillage au point de tige. Veillez à ce que les points soient aussi réguliers et droits que possible.

4 Avec le ruban de satin rose foncé, confectionnez treize roses.

5 Cousez solidement les roses au tissu, aux emplacements indiqués sur la photographie ci-dessous.

6 Avec le ruban de soie vert, brodez des feuilles au point de ruban et au point de ruban asymétrique à la base des roses. Variez le nombre de feuilles et leurs positions à chaque rose.

La confection du coussin

1 Fermez la dentelle en rond en piquant les deux extrémités, endroit contre endroit, à 1 cm du bord.

2 Passez un fil le long de la lisière de la dentelle et froncez-la pour réduire sa longueur de moitié. Placez-la sur le carré de toile brodé, endroit contre endroit, le côté froncé positionné au-dessus du carré de treillage. Épinglez, répartissez les fronces de façon qu'elles fassent des plis réguliers, mais en prévoyant plus d'ampleur dans les coins (voir croquis). Bâtissez, puis ôtez les épingles.

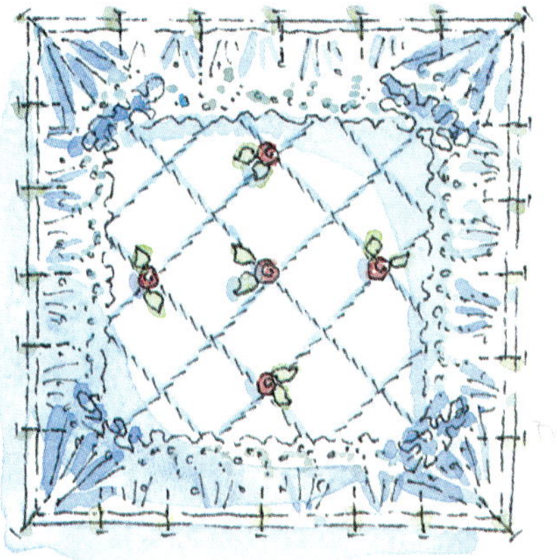

3 Placez le deuxième carré de toile sur le carré brodé, endroit contre endroit, et piquez les quatre côtés à 1,5 cm des bords, en laissant une ouverture suffisante pour y glisser le coussin. Crantez les coins puis retournez la housse sur l'endroit.

4 Glissez le coussin dans la housse et fermez l'ouverture à points invisibles.

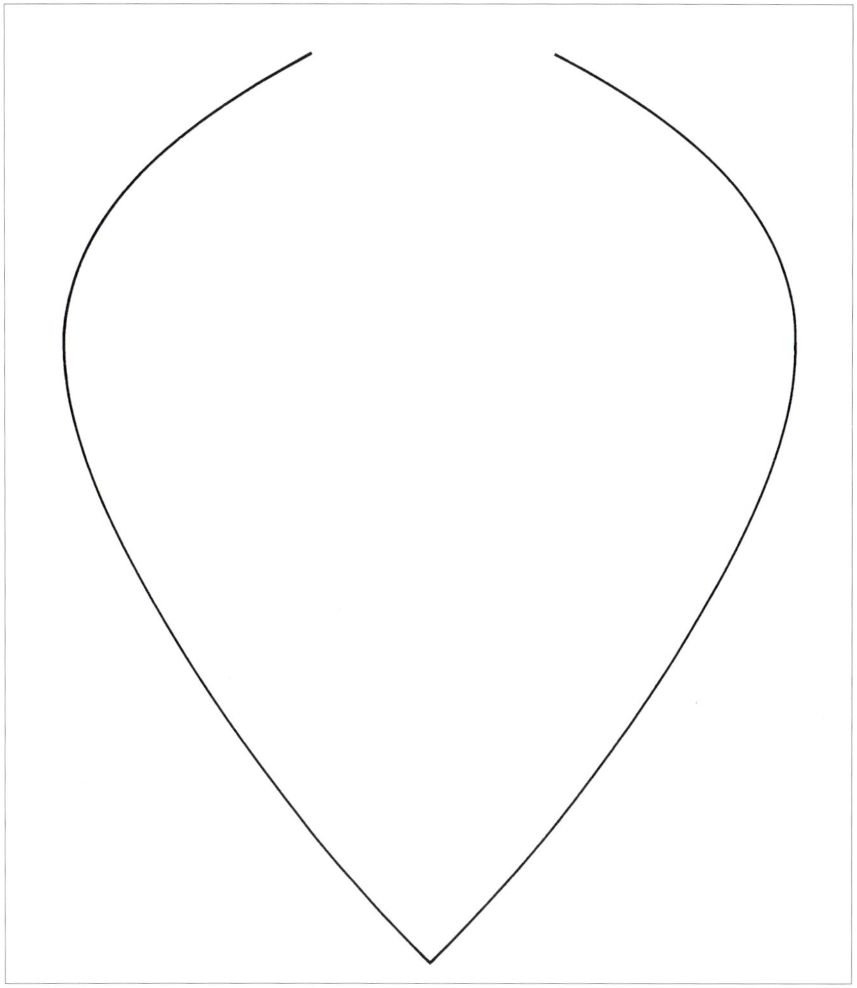

10 La dernière étape consiste à relier tous les groupes de fleurs avec le ruban vert clair de 4 mm brodé au point avant surjeté.

La confection du coussin

1 Découpez les deux carrés de tissu en forme de cœur en vous servant du coussin comme patron et en ajoutant 2,5 cm tout autour pour les coutures.

2 Dans le doupion de soie restant, coupez des bandes larges de 15 cm et les plus longues possible. Assemblez-les bout à bout pour obtenir une seule longue bande.

3 Pliez cette bande en deux dans le sens de la longueur, puis épinglez-la sur l'endroit du tissu brodé, bord à bord, en formant des petits plis plats au fur et à mesure (voir croquis). À 10 cm de la fin, coupez la bande à la bonne longueur et cousez les deux extrémités ensemble, endroit contre endroit. Finissez de plisser la bande. Bâtissez puis piquez.

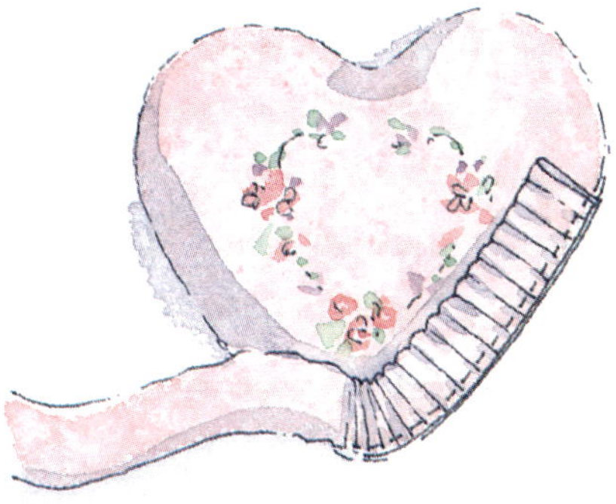

4 Placez le deuxième morceau de tissu sur le morceau brodé, endroit contre endroit, le volant bien placé vers l'intérieur. Épinglez, bâtissez puis piquez en laissant une ouverture assez large pour y glisser le coussin.

5 Retournez la housse sur l'endroit et dégagez le volant. Glissez le coussin à l'intérieur puis fermez l'ouverture à points invisibles.

Le coussin en shantung

Ce magnifique coussin en shantung m'a immédiatement séduite quand je l'ai vu dans un grand magasin. Je suis tombée amoureuse de ses couleurs et de son tissu. J'étais certaine de pouvoir créer un motif que ce fond mettrait en valeur. J'ai commencé par imaginer un bouquet tout simple, mais mon idée s'est transformée pour aboutir à cette vasque un peu baroque, remplie de toutes sortes de fleurs. Il s'agit d'un ouvrage destiné à des brodeuses confirmées.

IL VOUS FAUDRA :

un coussin carré de 40 cm de côté et sa housse en shantung
une craie ou un crayon à transfert
un cadre ou un tambour à broder
une aiguille chenille n° 18
une aiguille à broder ou similaire
75 cm de ruban de soie lavande clair en 4 mm de largeur
75 cm de ruban de soie lavande foncé en 4 mm de largeur
50 cm de ruban de soie lavande moyen en 7 mm de largeur
50 cm de ruban de soie vert pâle en 7 mm de largeur
3 m de ruban de soie vieux rose en 4 mm de largeur
3 m de ruban de soie vieux rose clair en 4 mm de largeur
1 m de ruban de soie cerise en 7 mm de largeur
du fil à broder Mouliné DMC or
1 m de ruban de soie ivoire en 4 mm de largeur
2 m de ruban de soie rose clair en 4 mm de largeur
3 m de ruban de soie moutarde en 4 mm de largeur
3 m de ruban de soie jaune citron en 4 mm de largeur
1 m de ruban de soie turquoise foncé en 4 mm de largeur
2 m de ruban de soie turquoise clair en 4 mm de largeur
1 m de ruban de soie vert citron en 4 mm de largeur
1 m de ruban de soie vert mousse pâle en 4 mm de largeur
50 cm de ruban de soie vert foncé en 4 mm de largeur
2 m de ruban de soie vert mousse en 4 mm de largeur
11 x 13 cm de doupion de soie couleur bronze
du fil à coudre DMC couleur bronze
un angelot en cuivre
du fil à broder Mouliné DMC dans les coloris suivants : marron clair pour les tiges du feuillage, vert pâle pour les tiges des roses et des pivoines, et vert pour les calices et les tiges des boutons de rose
du vernis incolore
un pistolet à colle (facultatif)
de la colle à tissu

La broderie du motif

1 Repérez les emplacements de toutes les fleurs principales, des tiges et de la vasque, sur le devant du coussin, à la craie ou au crayon, en vous référant au diagramme à taille réelle de la page 48 et au gabarit de la page 49. Tendez le tissu sur le cadre ou sur le tambour.

2 En premier lieu, brodez les trois pivoines. Avec le ruban lavande clair, brodez un grand point de bouclette pour le centre de la fleur, puis quatre ou cinq points de ruban répartis de part et d'autre. Avec le ruban lavande foncé, brodez quatre ou cinq points de pistils inclinés, rayonnant depuis le centre. Avec le ruban lavande moyen de 7 mm, brodez six points de ruban disposés en éventail vers le bas et les côtés, puis complétez avec des feuilles vert pâle au point de ruban.

3 Avec les rubans vieux rose et vieux rose clair, brodez les deux grappes de lilas au point de nœud. Mélangez les deux teintes au hasard pour donner du relief aux fleurs.

4 Avec le ruban cerise de 7 mm, brodez les boutons de rose au point de ruban et au point de ruban asymétrique.

5 Avec le ruban ivoire, brodez un point de bouclette pour le centre de chacune des quatre roses, puis un point de ruban asymétrique de chaque côté. Avec le ruban rose clair, faites deux points de ruban de chaque côté des points ivoire, puis un troisième incliné vers le bas.

6 Réalisez les cinq fleurs moutarde en commençant par trois points de nœud avec le ruban moutarde, pour le cœur. Avec le ruban jaune citron, faites deux tours de point de corail autour du cœur, puis un tour de point de corail avec le ruban moutarde.

7 Pour réaliser les sept fleurs turquoise, commencez par broder le cœur en faisant trois points de nœud en turquoise foncé, puis faites des points de ruban en turquoise clair tout autour.

8 Avec le ruban vert citron, brodez les branches du feuillage au point de ruban et au point de ruban asymétrique. Faites de même avec le ruban vert mousse pâle pour broder les feuilles sur les tiges des roses.

9 Brodez toutes les autres feuilles comme suit : les feuilles des roses et des boutons de rose avec le ruban vert mousse pâle au point de ruban, les feuilles des fleurs moutarde avec le ruban vert foncé au point de ruban, les deux feuilles à gauche de la tige de la pivoine avec le ruban vert pâle de 7 mm au point de ruban, et les feuilles des fleurs turquoise avec le ruban vert mousse au point de bouclette.

10 Avec deux brins de Mouliné DMC et en choisissant les teintes selon les indications données dans la liste des fournitures, brodez toutes les tiges au point de tige, à l'exception des tiges et des calices des boutons cerise. Brodez ces derniers en commençant par faire un point de plume à la base de chaque bouton, puis un point lancé allant du milieu du bouton à sa base, et enfin un grand point lancé pour la tige.

11 Reportez le gabarit de la vasque sur le doupion de soie bronze à la craie ou au crayon. Faites une piqûre sur le contour, puis découpez à 1 cm de celui-ci.

12 Rabattez le surplus de tissu sur l'envers de façon que la piqûre ne soit pas visible sur l'endroit. Crantez quand cela est nécessaire pour obtenir des courbes bien dessinées puis repassez.

13 Épinglez la vasque à sa place sur le devant du coussin et cousez-la à points invisibles. Enlevez les épingles.

BOUTON DE ROSE		PIVOINE
point de ruban		point de bouclette
point de ruban asymétrique		point de ruban
		point de pistil

LILAS

 point de nœud

ROSE

 point de bouclette

 point de ruban asymétrique

 point de ruban

FLEUR MOUTARDE

 point de nœud

 point de corail

FLEUR TURQUOISE

 point de nœud

 point de bouclette

FEUILLAGE

 point de ruban

 point de ruban asymétrique

 point de tige

 point de bouclette

 point de plume et point lancé

14 Brodez tout le tour de la vasque au point de tige avec trois brins de Mouliné DMC or. Brodez deux lignes espacées de 4 mm en haut et en bas de la vasque. Brodez des points lancés en diagonale entre ces lignes.

15 Pour empêcher que l'angelot ne ternisse, lavez-le à l'eau savonneuse, séchez-le puis passez une couche de vernis incolore sur toute sa surface. Collez l'angelot à sa place sur la vasque avec la colle à tissu. Un pistolet à colle facilite ce travail.

LA PARURE DE LIT

J'ai toujours aimé les belles parures de lit. Ce livre m'a donné l'opportunité de créer des modèles qui font toujours merveille dans une chambre d'amis. Les fournitures indiquées correspondent à une parure pour un lit d'une personne.

IL VOUS FAUDRA :

1,50 m de ruban de soie rose foncé en 4 mm de largeur
1 m de ruban de soie rose moyen en 4 mm de largeur
2,50 m de ruban de soie rose clair en 4 mm de largeur
1,50 m de ruban de soie rose moyen en 7 mm de largeur
du Coton Perlé DMC dans différentes nuances de vert
1 m de ruban de soie vert clair en 7 mm de largeur
2,20 m de ruban Mokuba rose en 7 mm de largeur
du fil à broder rose
une craie ou un crayon à transfert
une taie d'oreiller et un drap pour une personne en coton ou en lin
un cadre ou un tambour à broder
une aiguille chenille n° 18
une aiguille à broder ou similaire

La broderie de la taie d'oreiller

1 La parure de lit étant destinée à être fréquemment lavée, faites tremper les rubans dans de l'eau froide salée avant de les utiliser. Cela leur évitera de déteindre lors de lavages ultérieurs.

2 Esquissez le motif dans le coin supérieur gauche de la taie, en reportant les contours des tiges indiqués dans le diagramme de la page 52 à l'aide de la craie ou du crayon. Tendez cette zone du tissu sur le cadre ou le tambour à broder.

3 Brodez les bouillonnés des trois roses aux endroits indiqués dans le diagramme, en utilisant les trois teintes de rose des rubans de 4 mm.

4 Brodez des pétales à la base des bouillonnés, au point de ruban, avec le ruban rose moyen de 7 mm.

5 Avec le même ruban, brodez les grands boutons de rose au point de ruban normal et asymétrique.

6 Brodez les rameaux de boutons au point de ruban, deux en rose clair et le troisième en rose foncé.

7 Marquez avec une épingle l'endroit où le ruban réunira les tiges afin d'avoir un point de repère pour broder celles-ci. Brodez les huit tiges au point de tige avec du Coton Perlé DMC de différentes nuances de vert.

LA PARURE DE RIDEAUX

Le tissu damassé convient parfaitement à la broderie réalisée avec des rubans de soie. Pour ce motif, je n'ai voulu qu'une légère touche de couleur pour rappeler les teintes et le style de la pièce. La répétition du motif associé au jeu des triangles évoque quelque espiègle costume de jongleur. La cantonnière est prévue pour des fenêtres en renfoncement. Il s'agit d'un ouvrage facile, convenant tout à fait à un débutant, et qui ne fait appel qu'à trois points très simplement combinés.

IL VOUS FAUDRA :
de la triplure thermocollante (voir les explications)
du tissu damassé ou tout autre de votre choix (voir les explications)
un cadre ou un tambour à broder
une aiguille chenille n° 18
environ 2 m de ruban de soie diaprée Mokuba coloris 001 en 7 mm de largeur
environ 1 m de ruban de soie diaprée Mokuba coloris 001 en 3,50 mm de largeur
de la colle à tissu et un pinceau
des glands tout faits (un pour chaque triangle de la cantonnière)
du fil à coudre DMC
quatre anneaux à rideaux

La broderie de la cantonnière

1 Le nombre de triangles nécessaires dépend de la longueur de la cantonnière. Mesurez le châssis de votre fenêtre et divisez cette dimension par 24,5 cm : vous obtenez le nombre de triangles nécessaires. Il faut prévoir un demi-triangle à chaque extrémité de la cantonnière. Si le produit de la division n'est pas un nombre entier, vous pouvez arrondir le nombre de triangles et ajuster la largeur du chevauchement (voir croquis 1, page 57) ; si l'espace restant est supérieur à 12,5 cm, comptez un triangle supplémentaire et augmentez la largeur du chevauchement ; s'il est inférieur à 12,5 cm, réduisez simplement la largeur du chevauchement.

2 En copiant le patron de la page 54, fabriquez un gabarit triangulaire de 35,5 cm de largeur sur 35,5 cm de hauteur.

3 Coupez le nombre nécessaire de triangles dans la triplure thermocollante. Découpez-en un en deux parties égales. Coupez le même nombre de triangles dans le tissu mais en ajoutant 1,5 cm tout autour pour les coutures.

4 Prenez un triangle entier et marquez le centre de sa largeur avec une épingle, à 13,5 cm de la pointe du bas. Tendez-le sur le cadre ou sur le tambour à broder.

5 Avec le ruban de 7 mm, brodez trois points de ruban de 2 cm de longueur, en partant du point marqué par l'épingle (voir le gros plan de la page 56). Brodez un petit point lancé horizontal juste sous les trois points précédemment exécutés.

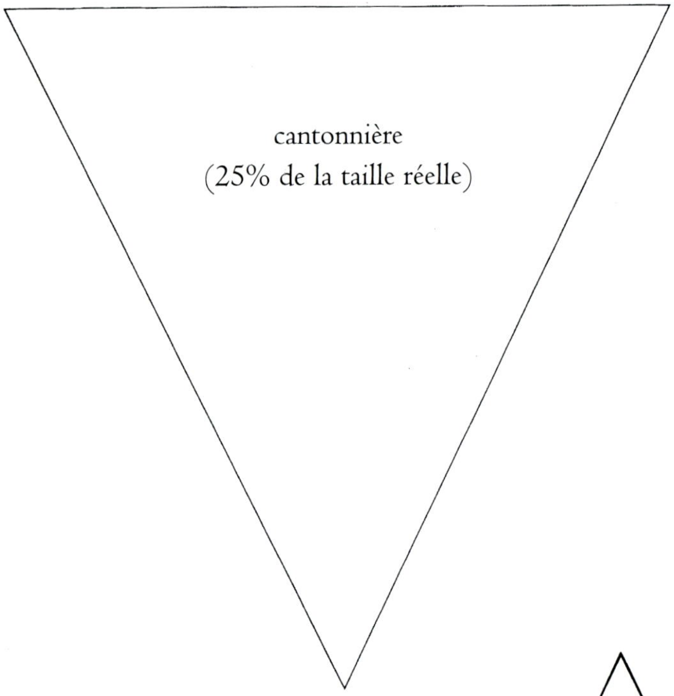
cantonnière
(25% de la taille réelle)

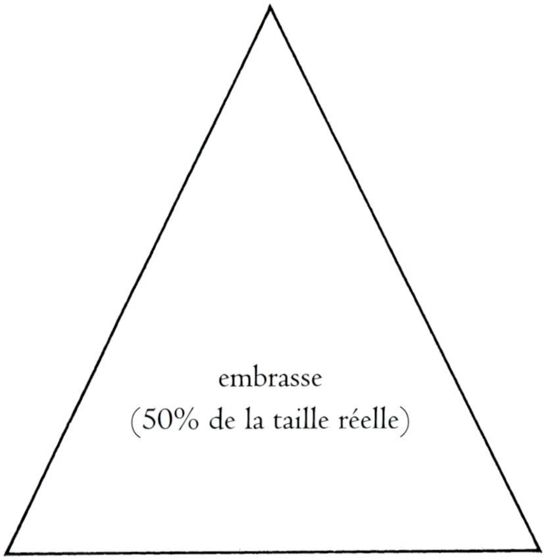
embrasse
(50% de la taille réelle)

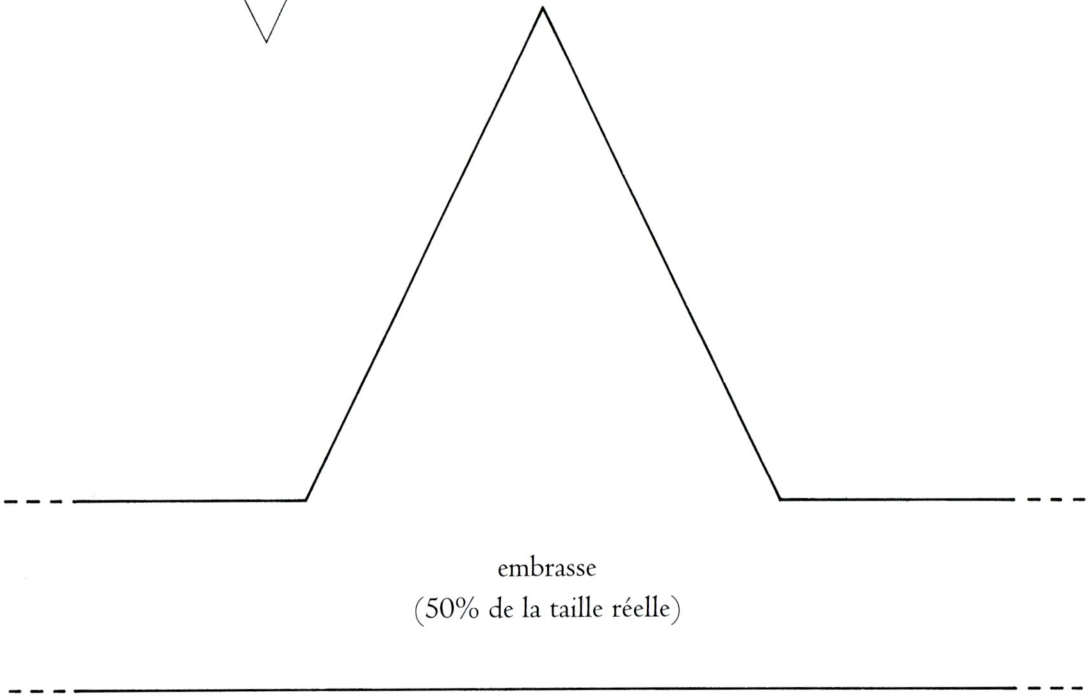
embrasse
(50% de la taille réelle)

6 Brodez un point de nœud juste en dessous, puis un point de nœud à l'extrémité des deux points latéraux, et enfin deux au-dessus du point central. Procédez de la même manière pour positionner et broder un motif sur chaque triangle entier.

7 Sur les demi-triangles, ne brodez que le point de ruban central avec le ruban de 3,5 mm et un seul point de ruban latéral, à gauche ou à droite selon que le demi-triangle est destiné à l'extrémité gauche ou droite de la cantonnière.

REMARQUE

Le secret de la réussite de ce motif consiste à bien sélectionner les aiguillées de ruban diapré de façon que les coloris se retrouvent à la bonne place.

La broderie des embrasses

1 Mesurez la longueur d'une embrasse en plaçant un mètre-ruban autour du rideau, à la bonne hauteur, et en prévoyant l'ampleur nécessaire. En vous aidant du gabarit, coupez dans la triplure thermocollante deux morceaux de la longueur de l'embrasse et d'une largeur de 5 cm avec la pointe d'un triangle au milieu. Avec le deuxième patron, coupez quatre triangles dans la triplure thermocollante et quatre autres dans le tissu (en ajoutant 1,5 cm tout autour pour les coutures).

2 Brodez les triangles en procédant exactement comme pour la cantonnière, mais avec du ruban de 3,5 mm pour tous les points. La base du point de ruban doit se trouver à 11 cm au-dessus de la pointe des grands triangles et à 9 cm au-dessus de celle des petits.

La confection de la cantonnière

1 Placez l'un des triangles en triplure sur l'envers de l'un des triangles brodés, en le positionnant bien au milieu, et repassez.

2 Rabattez le surplus de tissu sur la triplure en façonnant la pointe avec soin. Fixez le tissu à la triplure à l'aide d'un peu de colle ou de quelques points. Procédez de la même façon avec tous les triangles.

3 Diposez les triangles en ligne avec un demi-triangle à chaque extrémité. Un triangle sur deux est placé derrière les triangles voisins, les deux demi-triangles étant en dessous, de façon à obtenir un chevauchement large de 11 cm (voir croquis 1). Repérez les chevauchements avec des épingles, enduisez la surface des chevauchements de colle sur les triangles du dessous, puis assemblez l'ensemble.

4 Collez ou cousez un gland à la pointe de chaque triangle.

5 Coupez un morceau de triplure de la longueur de la cantonnière et d'une largeur de 10 cm. Placez la bande de triangles brodés dessus et repassez jusqu'à ce que l'ensemble soit bien solidaire.

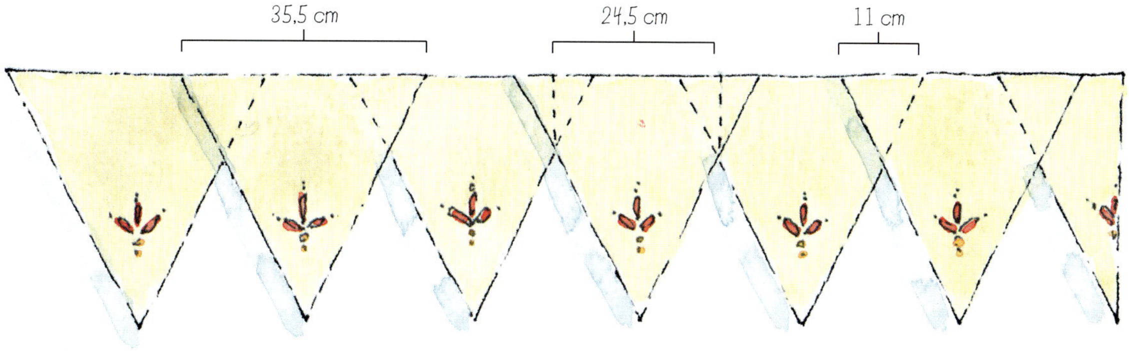

croquis 1

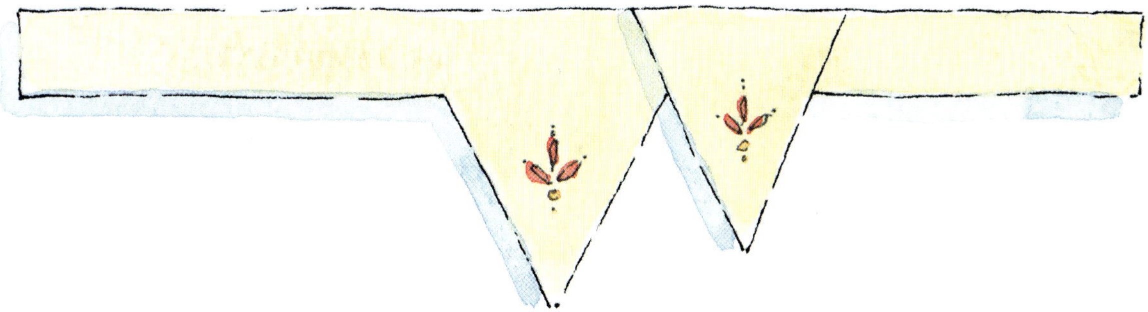

croquis 2

6 Fixez une cantonnière en bois à la fenêtre. Encollez le bord supérieur de cette planche, puis appliquez la cantonnière en tissu.

La confection des embrasses

1 Collez les pièces de triplure au dos des pièces de tissu et rabattez le surplus de tissu sur l'envers comme pour la cantonnière. Puis, collez un triangle de chaque côté du triangle des deux pièces principales, comme indiqué sur le croquis 2.

2 Cousez un anneau de rideau aux extrémités de chaque embrasse.

La nappe et les serviettes

Les après-midi d'été, il est merveilleux de goûter autour d'une table fraîche et pimpante. Pour cet ouvrage, j'ai travaillé un motif très enlevé sur un adorable chintz jaune citron. Cette nappe serait aussi très mignonne sur une petite table ronde, par-dessus une autre nappe imprimée dans des coloris coordonnés.

IL VOUS FAUDRA :

3 m de ruban de soie violet en 7 mm de largeur
1,50 m de ruban de soie lavande clair en 4 mm de largeur
2,50 m de ruban de soie turquoise en 4 mm de largeur
4 m de ruban de soie vert pâle en 4 mm de largeur
1,60 m de chintz jaune citron en 115 cm de largeur
du fil à coudre DMC jaune citron
une aiguille chenille n° 18
un tambour à broder Ø 13 cm

La broderie et la confection de l'ensemble

1 Le linge de table étant destiné à être lavé, faites tremper les rubans dans de l'eau froide salée avant de les utiliser. Cela leur évitera de déteindre lors de lavages ultérieurs.

2 Coupez un carré de 115 cm de côté pour la nappe, puis deux carrés de 45 cm de côté dans les chutes pour les serviettes.

3 Ourlez la nappe en repliant deux fois 1 cm de tissu sur l'envers, puis piquez. Procédez de la même façon pour chacune des serviettes.

4 Vous devez broder le motif présenté sur la photographie de la page 60 aux quatre coins de la nappe et dans l'un des coins de chaque serviette. Tendez un coin du tissu sur le tambour à broder de façon que 2,5 cm, environ, de tissu dépasse du tambour. Avec le ruban violet, brodez un grand point de bouclette au centre du tambour.

5 Avec le même ruban, brodez trois ou quatre grands points lancés torsadés. Pour cela, enroulez le ruban sur lui-même, sur l'endroit, avant de faire sortir l'aiguille sur l'envers, en veillant à ce que le point reste souple. L'extrémité du point s'enroule en spirale et c'est cela qui détermine si vous avez la place pour trois ou quatre points.

6 Avec le ruban lavande clair, brodez trois grands points lancés torsadés, puis encore trois autres avec le ruban turquoise.

7 Toujours avec le ruban turquoise, brodez cinq ou six points bouclés au milieu du motif.

8 Avec le ruban vert, ajoutez cinq feuilles au point de ruban torsadé, en bas du motif. Travaillez comme cela est indiqué page 17, mais en enroulant une fois le ruban sur lui-même.

9 Toujours avec le ruban vert, brodez les feuilles au point de bouclette autour du bas du motif, comme indiqué sur la photographie.

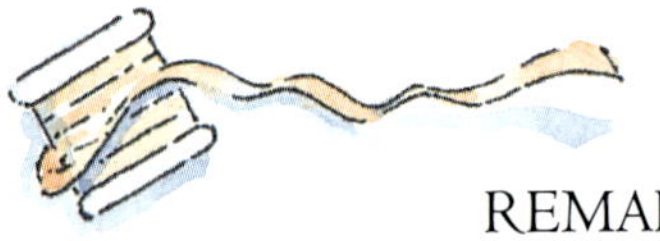

REMARQUE

Enroulez le ruban plusieurs fois sur lui-même pour obtenir une torsade, mais sans trop serrer car les torsades seraient alors trop fines.

LE CHAPEAU EN TOILE

J'ai déniché ce ravissant chapeau en toile lors d'une exposition d'artisanat et je suis immédiatement tombée amoureuse de lui. Il se prête vraiment bien au motif qui peut être travaillé avec n'importe quelle combinaison de coloris. Peut-être préférerez-vous broder avec des teintes primaires en assortissant les couleurs des boucles à celles des petits nœuds ?

IL VOUS FAUDRA :
un chapeau de toile tout fait
un tambour à broder Ø 13 cm
une aiguille chenille n° 18
3 m de ruban de soie couleur chair en 4 mm de largeur
3 m de ruban de soie noir en 4 mm de largeur

La broderie du motif

1 Si votre chapeau est doublé comme l'était le mien, il vous faut découdre la doublure de la calotte avant de commencer, afin que l'envers du travail ne soit pas visible à l'intérieur du chapeau.

2 Tendez une partie du chapeau sur le tambour à broder. (J'ai commencé au centre et travaillé de droite à gauche.)

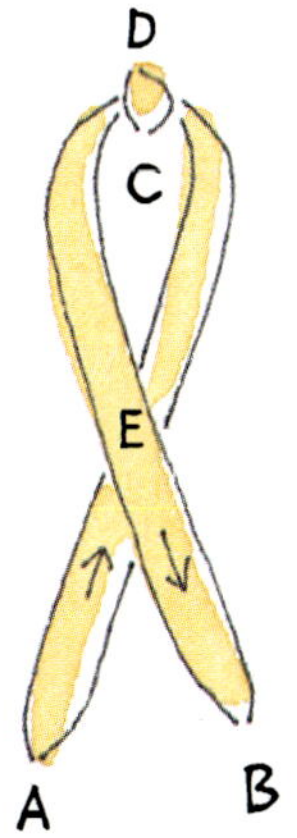

3 Ce point très simple est une sorte de point de bouclette croisé retenu par un point de nœud. Avec le ruban couleur chair, brodez un point en suivant le schéma ci-dessous. Sortez l'aiguille sur l'endroit en A, piquez en B, ressortez en C puis piquez en D. Le point mesure environ 13 mm de haut.

4 Épinglez les rubans au point où ils se croisent (E). Avec le ruban noir, sortez l'aiguille en E et brodez un point de nœud.

5 Brodez un deuxième motif de la même façon, en l'espaçant du premier d'environ 5 mm.

6 Pour le motif suivant, inversez les couleurs : brodez le point de bouclette croisé en noir et le point de nœud en couleur chair. Brodez deux motifs puis reprenez les couleurs de départ.

7 Inversez les couleurs tous les deux motifs.

8 Brodez tout autour du chapeau, en déplaçant le tambour à broder au fur et à mesure de votre progression. Continuez jusqu'à ce que vous rejoigniez le premier point.

9 Une fois la broderie terminée, recousez la doublure à sa place dans la calotte du chapeau.

VARIANTE

Il est aussi possible de broder le motif sur un ruban dont on garnit un chapeau comme dans l'ouvrage suivant. Utilisez alors du gros-grain ou une bande de tissu ourlée.
Ce motif peut aussi être brodé sur le col d'un chemisier ou le haut d'une poche.

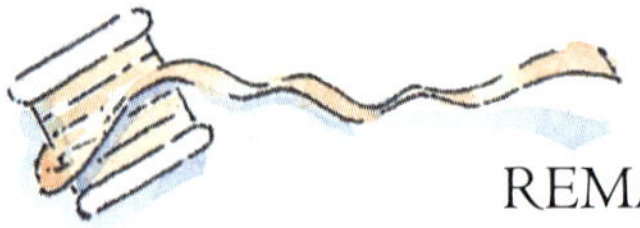

REMARQUE

Il vaut mieux contrôler la hauteur du point tous les quatre ou cinq motifs afin de s'assurer que l'on conserve bien en permanence la dimension correcte.

LES TOURNESOLS

Les tournesols sont des fleurs très populaires. Leur petit air naïf et ensoleillé en fait le motif parfait pour décorer un chapeau de paille. Cette broderie est travaillée sur du ruban à lisières métallisées qui se prête aisément à des nœuds spectaculaires. Le motif est composé de tournesols épanouis et d'autres en boutons, dans des positions variées. Certains ont des tiges, d'autres pas : c'est à vous de choisir.

IL VOUS FAUDRA :
1,50 m de ruban vert en shantung à lisières métallisées en 4 cm de largeur
un chapeau de paille
un tambour à broder Ø 13 cm
une aiguille chenille n° 18
une aiguille à broder ou similaire
1,30 m de ruban de soie marron en 4 mm de largeur
1,50 m de ruban de soie orange en 4 mm de largeur
2,80 m de ruban de soie jaune en 7 mm de largeur
1 m de ruban de soie vert en 13 mm de largeur
50 cm de ruban de soie vert en 7 mm de largeur
du fil à broder Mouliné DMC vert

La broderie du motif

1 Enroulez le ruban en shantung autour du chapeau en le nouant largement d'un côté. Biaisez les extrémités en forme de "V". Sur le ruban, repérez le milieu du devant et du dos avec des épingles.

2 Tout en laissant le ruban noué, retirez-le précautionneusement du chapeau et tendez-le sur le tambour à broder. Commencez la broderie au milieu du devant et brodez le premier tournesol épanoui au centre du ruban, comme cela est expliqué dans les étapes suivantes.

3 Avec le ruban marron, brodez un point de nœud entouré d'un cercle de points de nœud. Avec le ruban orange, brodez un deuxième cercle de points de nœud autour du premier. Avec le ruban jaune, brodez des pétales au point de ruban tout autour du cœur.

4 Avec le ruban vert de 13 mm, brodez des feuilles au point de ruban, en les disposant au hasard, sous la fleur. Vous pouvez aussi ajouter quelques feuilles plus petites avec le ruban vert de 7 mm. Brodez la tige au point de tige avec deux brins de Mouliné DMC.

5 Brodez une fleur à demi ouverte à côté de la fleur, comme suit : avec le ruban marron, faites un point de nœud central entouré par trois ou quatre autres points de nœud, en arc de cercle autour de lui. Brodez un deuxième demi-cercle en orange, puis cinq ou six pétales au point de ruban, en arc de cercle autour des points de nœud. Ajoutez une feuille avec le ruban vert de 13 mm et brodez une tige comme décrit précédemment.

6 Brodez un bouton fermé à gauche des fleurs précédemment brodées comme suit : avec le ruban jaune, faites un point de ruban doublé, brodez dessous un point lancé avec le ruban vert, puis, plus bas, une ou deux feuilles au point de ruban avec le ruban vert de 13 mm et une tige, comme décrit précédemment.

7 Le diagramme ci-dessous suggère deux compositions possibles à partir des trois motifs décrits plus haut. Suivez-en une pour broder tout au long du ruban ou inventez votre propre composition.

point de ruban
point de nœud
point de tige
point lancé

LA TUNIQUE CHINOISE

J'ai choisi pour cette tunique un motif classique et indémodable. C'est précisément le style de ce vêtement qui m'a fourni le thème du motif puisque celui-ci évoque les décors bleu et blanc de la porcelaine de Chine. La moindre broderie parviendra à personnaliser une tunique du commerce. Le motif employé n'étant pas trop sophistiqué, on pourra porter cette tunique avec des jeans ou comme toilette habillée.

IL VOUS FAUDRA :

une craie ou un crayon à transfert
un tambour à broder Ø 13 cm
50 cm de ruban de soie bleu moyen en 4 mm de largeur
50 cm de ruban de soie bleu clair en 4 mm de largeur
25 cm de ruban de soie bleu pâle en 7 mm de largeur
du fil à broder Mouliné DMC gris foncé
25 cm de ruban de soie bleu outre-mer foncé en 4 mm de largeur
50 cm de ruban de soie bleu foncé en 4 mm de largeur
une tunique
une aiguille chenille n° 18
une aiguille à broder ou similaire

La broderie du motif

1 Puisqu'il sera nécessaire de laver la tunique, faites tremper les rubans dans de l'eau froide salée avant de les utiliser. Cela leur évitera de déteindre lors de lavages ultérieurs.

2 Repérez l'emplacement de la fleur et de l'oiseau sur la tunique à l'aide de la craie ou du crayon, en reportant le contour général du diagramme à taille réelle ci-dessous.

3 Tendez la zone à broder sur le tambour.

point lancé (ruban)
point de nœud
point de ruban
point de ruban asymétrique
point de tige
point lancé (Mouliné DMC)

4 En suivant les indications de couleurs du diagramme, brodez d'abord la partie principale de l'aile avec un point lancé, puis les petites plumes de droite, toujours au point lancé, en variant les longueurs et en disposant celles du haut en éventail.

5 Brodez le corps, la queue, puis la tête, le tout au point lancé.

6 Avec deux brins de Mouliné DMC, brodez un point lancé pour le bec et un point de nœud pour l'œil.

7 Brodez la fleur en commençant par deux petits points lancés avec le ruban bleu outremer foncé, puis brodez quatre pétales avec le ruban de 7 mm, au point de ruban : les deux pétales les plus à l'extérieur de la fleur lui donnent un meilleur volume s'ils sont travaillés au point de ruban asymétrique.

8 Avec le ruban bleu foncé, brodez trois pétales entre ceux précédemment exécutés.

9 Pour finir, brodez la tige au point de tige avec deux brins de Mouliné DMC.

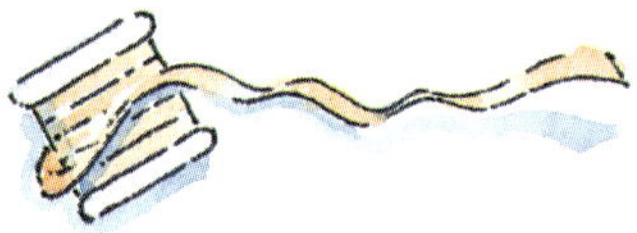

REMARQUE

Enfilez la tunique afin de repérer le meilleur emplacement pour broder le motif, car personne n'a la même taille ni la même conformation.

LE CHÂLE DE SOIRÉE

J'avais en tête de créer un châle du soir très somptueux. Pas ce genre de chose pratique et ordinaire, mais un ouvrage qui, s'il était découvert dans un tiroir dans les années à venir, ferait réellement rêver. Un vêtement qui aurait une histoire. Les coloris nuancés des rubans s'harmonisent à l'étoffe en soie pour créer un motif riche mais subtil sur chaque pan du châle.

IL VOUS FAUDRA :

1 m d'étoffe de soie moirée métallisée
2 m de doublure
du fil à coudre DMC coordonné au tissu et aux perles
un tambour à broder Ø 20 cm
une aiguille chenille n° 18
2 m de ruban Mokuba brillant vert mousse en 7 mm de largeur
du fil à coudre DMC vert mousse
6 m de ruban Mokuba lustré vert foncé en 7 mm de largeur
6 m de ruban Mokuba en organdi argenté en 9 mm de largeur
2,25 g de perles en verre antique
une aiguille pour enfiler les perles

La broderie du motif

1 Coupez la soie en deux dans le sens de la longueur, puis assemblez les deux morceaux ensemble de façon à obtenir une grande étole. Égalisez les bords de la couture.

2 Coupez la doublure en quatre morceaux égaux et assemblez-les deux par deux comme pour la soie, de façon à obtenir deux bandes.

3 Placez la soie sur l'une des bandes de doublure, envers contre envers. Piquez les deux épaisseurs ensemble sur les quatre côtés, à 13 mm des bords. Vous allez maintenant agir comme s'il s'agissait d'une seule étoffe et broder à travers les deux épaisseurs. La doublure donne plus de maintien à la soie.

4 Marquez le centre de la largeur de la soie avec une épingle, à

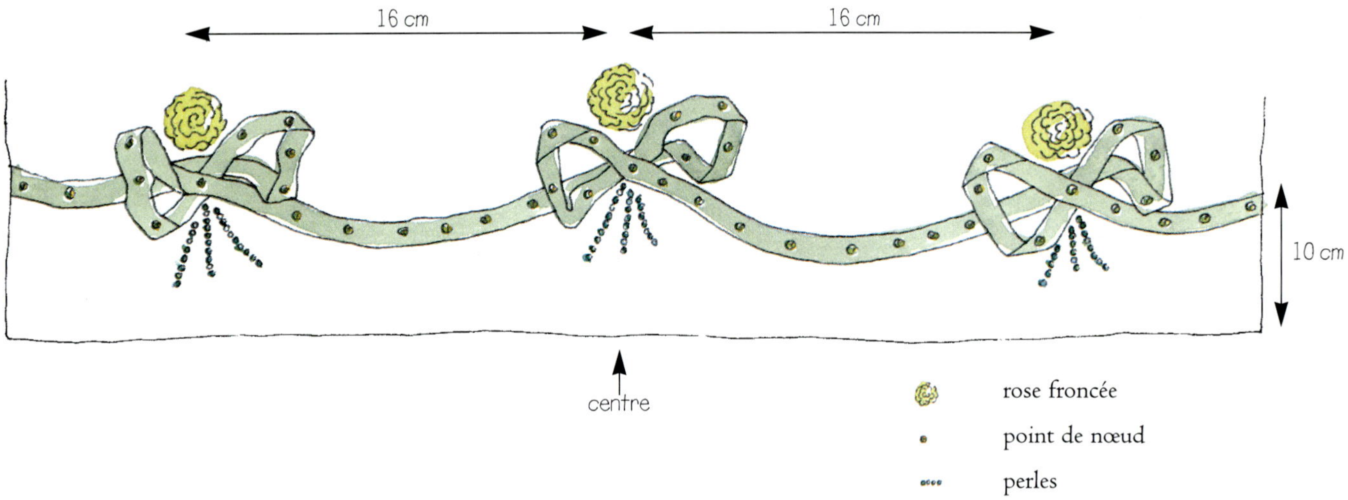

10 cm de l'une des extrémités. Tendez cette zone de soie sur le tambour à broder.

5 Avec le ruban brillant, brodez trois roses froncées aux emplacements indiqués sur le diagramme ci-dessus.

6 Disposez le ruban lustré sur la soie comme l'indique le diagramme et épinglez-le. Les extrémités de ce ruban doivent dépasser la ligne de piqûre assemblant soie et doublure.

7 Avec le ruban en organdi, brodez des points de nœud à intervalles réguliers pour fixer le ruban lustré au tissu. Enlevez les épingles au fur et à mesure de votre progression.

8 Cousez les perles sur le tissu avec l'aiguille appropriée de façon à obtenir trois lignes sous chacun des nœuds. Il y a environ douze perles par ligne.

9 Répétez les étapes 4 à 8 pour broder l'autre extrémité du châle.

La confection du châle

1 Placez le morceau de doublure restant sur l'étoffe brodée, endroit contre endroit. Piquez les quatre côtés du châle, à 1,5 cm des bords, en prenant les extrémités du ruban lustré entre les deux épaisseurs, et en laissant une petite ouverture de 15 cm sur l'un des grands côtés.

2 Retournez le châle sur l'endroit puis fermez l'ouverture à points invisibles.

REMARQUE

Essayez d'espacer régulièrement les points de nœud tout au long du ruban. Incurvez chaque ligne de perles différemment, et ne leur donnez pas à toutes la même longueur. Ces petites différences apportent plus d'intérêt au motif.

LE GILET DE SOIRÉE

La broderie de ce séduisant gilet est très simple car elle utilise un seul point de base. Vous pouvez réaliser ce motif sur n'importe quel gilet acheté ou confectionné par vos soins. Comme sur le châle de la page 71, du mariage des rubans et de la soie naît une harmonie riche mais discrète.

IL VOUS FAUDRA :

du doupion de soie moirée bleu-vert (voir les instructions du patron pour le métrage)
une craie ou un crayon à transfert
un tambour à broder Ø 13 cm
une aiguille chenille n° 18
une aiguille à broder ou similaire
un écheveau de fil à broder Mouliné DMC bleu-vert
un écheveau de fil à broder Mouliné DMC vert jade
10 m de ruban de soie vert jade en 4 mm de largeur
2,25 g de petites perles vert émeraude
une aiguille pour enfiler les perles
du fil à coudre DMC coordonné aux perles

La broderie et la confection du gilet

1 Si vous confectionnez vous-même le gilet, disposez les différentes pièces du patron sur le tissu et dessinez les contours ou marquez-les avec du fil à bâtir.

2 En suivant le diagramme en taille réelle de la page 74, reportez le contour des tiges sur le côté droit du gilet, à l'aide de la craie ou du crayon. Répétez le motif jusqu'en haut de l'épaule, en terminant la tige centrale par une volute. Notez bien que les tiges principales ne sont qu'incurvées alors que celles qui supportent les baies ont des extrémités plus sinueuses. Veillez à ce que le motif ne passe pas sur les emplacements prévus pour les boutons et boutonnières.

3 Tendez la partie inférieure du motif sur le tambour à broder. Aucune pièce de tissu ne doit être coupée tant que la broderie n'est pas achevée. Cela vous permettra de tendre plus facilement le haut des devants qui sont étroits sur le tambour, et évitera au tissu de s'effilocher.

4 Avec deux brins de Mouliné DMC bleu-vert, brodez la tige centrale au point de tige.

5 Brodez toutes les tiges latérales avec un brin de Mouliné DMC vert jade et au point de tige.

6 Avec le ruban, brodez les feuilles sur les tiges latérales, en les plaçant toujours par deux en vis-à-vis (reportez-vous au diagramme pour voir leurs emplacements), au point de ruban et au point de ruban asymétrique, selon ce qui conviendra le mieux (voir page 18).

7 Cousez les perles sur les tiges restantes, seules ou par grappes

point de ruban
point de tige
perles

de deux ou trois, à l'aide de l'aiguille appropriée.

8 Réalisez le côté gauche du gilet de la même façon, mais en inversant le sens des motifs. Coupez toutes les pièces de tissu et assemblez le gilet en suivant les instructions du patron.

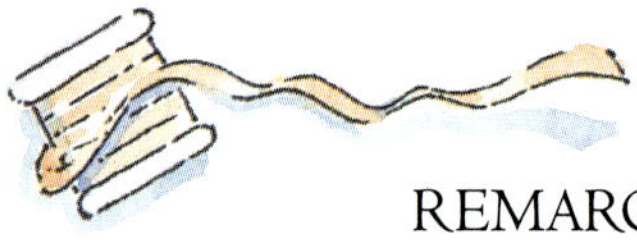

REMARQUES

Je préfére utiliser un petit tambour à broder que je déplace à chaque fois que j'ai fini une partie du motif, car c'est plus facile que de tendre le tissu sur toute la surface du motif. Essayer de faire les deux côtés du gilet à la fois pose le même problème.

Si vous brodez le motif sur un gilet acheté tout fait, n'oubliez pas de découdre la doublure avant de broder afin que l'envers du travail soit caché entre deux épaisseurs de tissu.

L'ÉCRIN

Il s'agit d'un petit motif tout simple serti dans le couvercle d'une boîte en tissu. C'est déjà un cadeau en lui-même, mais il peut aussi servir d'écrin à un présent offert à l'occasion d'un grand événement, comme un mariage ou un baptême.

IL VOUS FAUDRA :

un carré de 25 cm de côté de soie ivoire pour le médaillon du couvercle
une craie ou un crayon à transfert
un tambour à broder Ø 13 cm
une aiguille chenille n° 18
une aiguille à broder ou similaire
1 m de ruban de soie vert pâle en 7 mm de largeur
du fil à broder Mouliné DMC rose pâle
50 cm de ruban de soie jaune pâle en 4 mm de largeur
50 cm de ruban de soie rose pâle en 4 mm de largeur
du fil à broder Mouliné DMC vert pâle
de la carte bristol ou du Rhodoïd
un cutter
du carton de 3 mm d'épaisseur
50 x 30 cm de feutrine
50 x 30 cm de soie jaune citron pour habiller l'extérieur de la boîte
de la colle à tissu et un pinceau fin
du fil à coudre DMC jaune citron
une aiguille courbe
30 x 30 cm de doublure ivoire (j'ai utilisé de la soie ivoire)
un cercle de ouatine Ø 7,5 cm
un collier de 30 cm de perles nacrées

La broderie du motif

1 Pour le médaillon du couvercle, tracez un cercle d'environ 8 cm de diamètre au centre du carré de soie ivoire à l'aide de la craie ou du crayon. Tendez le tissu sur le tambour à broder.

2 En vous référant au diagramme de la page 78, brodez une rosette de Merrilyn avec le ruban vert, en commençant au centre du cercle. Vous devez toujours laisser une marge d'au moins 1 cm entre la broderie et le périmètre du cercle. Torsadez les pans du ruban pour leur donner du relief.

3 Pour réaliser les roses étoilées, brodez deux étoiles espacées entre elles de 5 mm, à 2 cm au-dessus du nœud, avec deux brins de Mouliné DMC rose. Remplissez l'intérieur avec deux tours de ruban jaune, puis terminez avec le ruban rose pâle.

4 Brodez deux boutons au point de ruban, en rose. Avec deux brins de Mouliné DMC vert, brodez les feuilles au point de plume et un point lancé au centre de chaque bouton.

5 Avec le ruban vert, brodez quatre feuilles au point de ruban autour des roses étoilées.

La confection de la boîte

1 Avec le cutter, découpez les six gabarits de la page 81 (A à F) dans la carte bristol ou le Rhodoïd.

rosette de Merrilyn

rose étoilée

point de plume et point lancé

point de ruban

Reportez-les autant de fois que nécessaire sur le carton, découpez-les et numérotez-les, comme suit :
4 fois le gabarit A (n°s 1, 2, 3 et 4)
2 fois le gabarit B (n°s 6 et 7)
2 fois le gabarit C (n°s 5 et 11)
2 fois le gabarit D (n°s 8 et 9)
1 fois le gabarit E (n° 10)
2 fois le gabarit F (n°s 12 et 13)
Reportez le tracé du cercle sur l'un des gabarits F (pièce 12) et évidez-le.

2 Entaillez le côté droit des pièces 1 à 4 le long des pointillés indiqués sur le gabarit A. Encollez le côté non entaillé de ces pièces, puis placez-les côte à côte sur la feutrine, faces encollées contre celle-ci. Coupez et égalisez la feutrine autour de l'ensemble. On obtient l'élément principal constitué des quatre côtés de la boîte. Recouvrez de feutrine l'une des faces de chaque autre pièce, à l'exception de la 13.

3 Placez la soie jaune sur le plan de travail, l'envers vers vous, puis posez l'élément principal dessus, les côtés recouverts de feutrine contre la soie. Coupez la soie à 1,5 cm tout autour de l'élément principal (voir croquis 1, page 82). Procédez de la même manière avec la pièce 5 (fond de la boîte).

4 Enduisez d'un fin trait de colle tous les bords de l'élément principal ainsi que le pourtour du fond de la boîte, sur les faces non recouvertes de soie. Travaillez d'abord l'élément principal. Sur les deux petits côtés, repliez la soie sur le carton et lissez fermement. Repliez la soie dans les coins, puis repliez et collez les deux grands côtés. Procédez de la même façon pour le fond de la boîte.

5 Mettez l'élément principal en forme en ajustant les deux extrémités, les faces recouvertes de soie

vers l'extérieur. Avec l'aiguille courbe et le fil à coudre DMC, assemblez les deux extrémités en les surjetant (voir croquis 2, page 82). Positionnez le fond sous la boîte, la face recouverte de soie vers l'extérieur, et fixez-le en le surjetant aux côtés de la boîte. La base de la boîte est terminée.

6 Les pièces 6 à 10 sont les doublures pour les côtés et l'intérieur du fond ; la pièce 11 est celle du couvercle. Recouvrez l'une des faces de chacune de ces pièces de soie ivoire, comme pour la pièce 5.

7 Encollez légèrement les faces non recouvertes de soie des pièces 6 et 7. Collez-les à l'intérieur de la boîte, chacune sur un côté opposé. Encollez les pièces 8 et 9 de la même façon puis placez-les à l'intérieur de la boîte, sur les deux autres côtés. Encollez la pièce 10 et collez-la au fond de la boîte.

8 Posez la pièce 12 sur la soie jaune, la face recouverte de feutrine sur l'envers, puis coupez la soie à 4 cm tout autour de la pièce.

9 En tenant fermement le carton et la soie d'une main, percez le milieu du cercle évidé avec la pointe des ciseaux à broder. Entaillez délicatement la soie, presque jusqu'au bord du cercle. Recommencez tout autour du cercle (voir croquis 3, page 82). Encollez le carton sur le périmètre du cercle, rabattez les crans de soie et lissez-les fermement.

10 Encollez légèrement le bord du cercle. Placez le morceau de soie brodé sur le plan de travail, l'endroit vers vous, et placez très délicatement la pièce 12 par-dessus de façon que le motif brodé apparaisse au centre du cercle évidé. Appuyez tout en tirant doucement sur les bords pour bien tendre la soie brodée. Retournez la pièce, coupez le tissu excédentaire, puis placez le petit disque de ouatine sur la broderie.

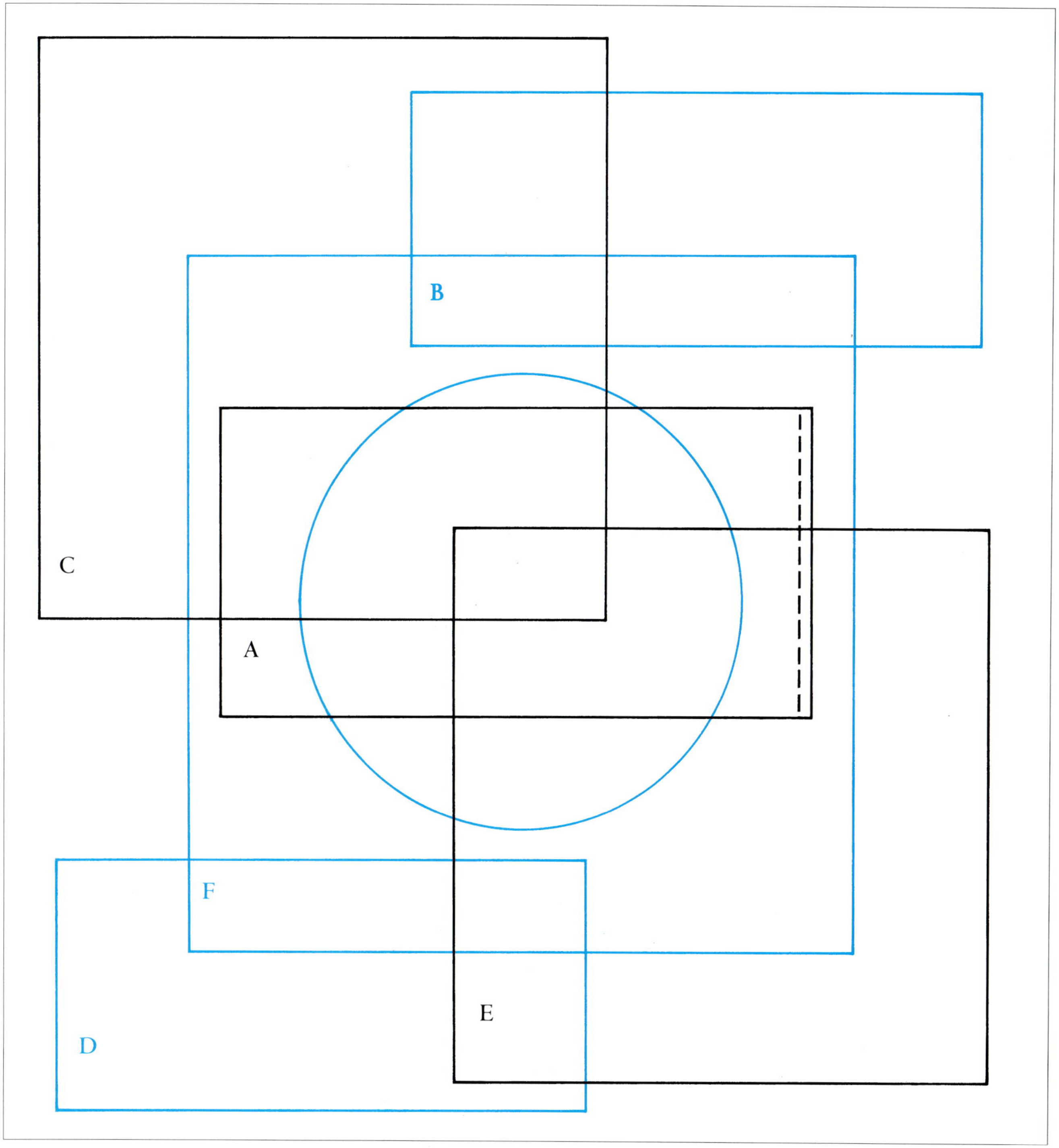
B
C
A
F
E
D

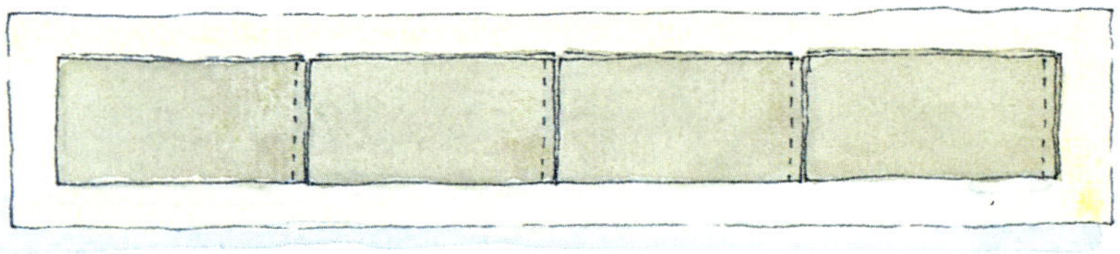

croquis 1

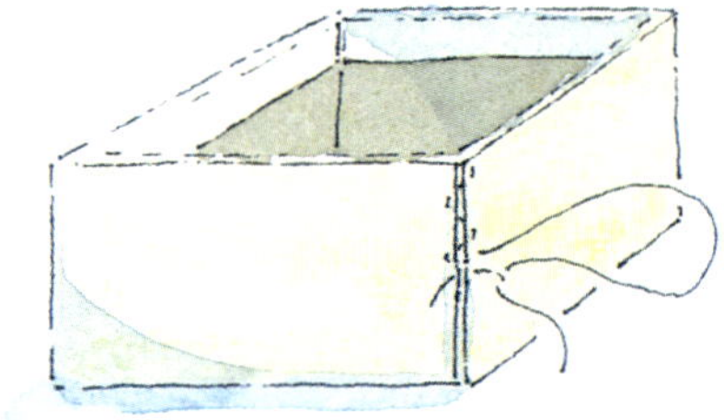

croquis 2

croquis 3

croquis 4

11 Posez la pièce 13 par-dessus. Encollez les bords de l'envers du couvercle sur 4 cm. Rabattez et collez la soie : repliez deux côtés opposés, façonnez les coins, puis rabattez les deux autres côtés.

12 Enduisez légèrement de colle la face nue de la pièce 11 et collez-la au centre de la face envers du couvercle (voir croquis 4).

13 Pour terminer, enduisez très légèrement de colle le collier de perles et collez-le sur le couvercle, tout autour du médaillon, à l'intérieur du cercle évidé.

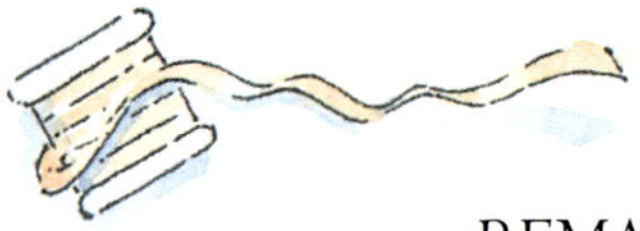

REMARQUES

Si vous devez réaliser plusieurs boîtes (il y en a deux modèles différents dans ce livre), cela vaut la peine de découper les gabarits dans du Rhodoïd afin de pouvoir les utiliser plusieurs fois.

Après avoir évidé le cercle du couvercle, manipulez délicatement la soie car elle s'effiloche très facilement.

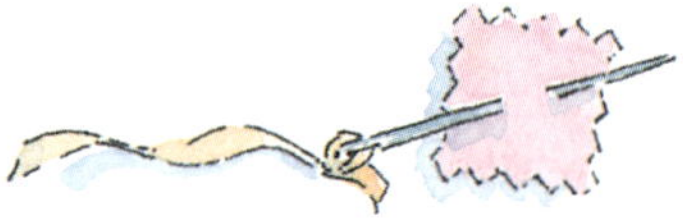

LE CADRE CAPITONNÉ

On peut faire présent de ce cadre lors de différents événements.
Pour offrir une photographie de mariage ou de baptême, c'est une attention délicate de le confectionner dans le même tissu que la robe portée par la jeune mariée ou le bébé, selon les cas.
J'ai utilisé du doupion de soie, un tissu bon marché mais somptueux et présentant un grain ravissant.
Ce cadre mesure 25 x 30 cm avec une fenêtre de 13 x 16 cm, mais vous pouvez en ajuster la taille à vos propres besoins.

IL VOUS FAUDRA :

1 m de ruban de satin ivoire en 9 mm de largeur
1 m de ruban de satin rose moyen en 9 mm de largeur
1 m de ruban de satin rose foncé en 9 mm de largeur
40 cm de doupion de soie en 115 cm de largeur
un tambour à broder ou un cadre
une aiguille chenille n° 18
une aiguille à broder ou similaire
une craie ou un crayon à transfert
50 cm de ruban de soie blanc cassé en 4 mm de largeur
un peu de fil à broder Mouliné DMC jaune citron clair
un peu de fil à broder Mouliné DMC rose clair
1 m de fil à broder Mouliné DMC or
du fil à coudre DMC rose
du fil à coudre DMC coloris or (art. 282)
1 m de ruban doré à lisières métallisées en 15 mm de largeur
un appareil à faire les nœuds (facultatif)
deux morceaux de carton de 25 x 30 cm chacun
25 x 30 cm de ouatine
de la colle à tissu et un pinceau fin
du fil à coudre DMC coordonné au doupion
deux petits crochets adhésifs et une cordelette (facultatif)
6 x 25 cm de carton pour le pied (facultatif)

La broderie du motif

1 Confectionnez trois roses avec le ruban ivoire, deux avec le ruban rose moyen et trois avec le ruban rose foncé.

2 Coupez un morceau de doupion de 35 x 40 cm pour le devant du cadre. Marquez le milieu de la largeur en haut du tissu. Tendez-le sur le tambour à broder ou sur le cadre. Cousez les roses sur le tissu comme l'indique le diagramme de la page 84.

3 Avec le ruban de soie blanc cassé, brodez onze points de nœud aux endroits indiqués.

4 Avec deux brins de Mouliné DMC jaune, brodez des groupes de trois points de nœud aux endroits indiqués.

5 Avec deux brins de Mouliné DMC rose, brodez des points lancés disposés en étoile autour des groupes de points de nœud jaune.

6 En utilisant les six brins du Mouliné DMC or, brodez une cordelette au point de tige de chaque côté des fleurs, comme indiqué sur le diagramme (il est préférable de dessiner d'abord les tracés à la craie ou au crayon).

7 Confectionnez deux petites rosettes sans pans avec le ruban doré à lisières métallisées. (Vous pouvez demander à quelqu'un de bloquer le nœud avec son doigt, mais le mieux est de travailler avec un appareil à faire les nœuds.) Fixez l'extrémité des nœuds par quelques points de fil à coudre DMC coloris or, puis cousez-les sur la soie aux endroits indiqués.

rose en ruban de satin

point de nœud

point lancé

point de tige

La confection du cadre

1 Évidez un rectangle de 13 x 16 cm au centre de l'un des morceaux de carton : on obtient des bords de 7 cm en haut et en bas, et de 6 cm sur les côtés. Collez la ouatine sur le carton.

2 Enduisez légèrement de colle la ouatine. Placez la soie brodée sur le devant du cadre, l'endroit vers vous, positionnez-la de façon que le cadre soit bien au centre, puis appuyez doucement pour coller.

3 Percez le milieu du tissu qui recouvre la fenêtre du cadre avec la pointe des ciseaux à broder et coupez en diagonale vers chaque coin, en vous arrêtant à 5 mm des bords. Déposez un point de colle à chaque coin pour éviter que le tissu ne s'effiloche. Coupez les pointes du tissu. Sur l'envers du cadre, enduisez de colle les bords de la fenêtre et rabattez le tissu sur le carton.

4 Rabattez le tissu sur l'envers tout autour du cadre et collez-le. Taillez des crans le long des bords pour permettre au tissu de coller au dos du carton sans froncer, et façonnez soigneusement les coins.

5 Coupez un morceau de doupion de 30 x 35 cm pour recouvrir l'une des faces du deuxième morceau de carton (dos du cadre), encollez le surplus de tissu, rabattez-le sur l'envers et collez-le.

6 Coupez un autre morceau de doupion de mêmes dimensions, faites un rentré de 2,5 cm tout autour et piquez. Collez ce tissu sur l'envers du dos du cadre.

7 Placez les deux parties du cadre l'une contre l'autre, envers contre envers, et assemblez-les en les surjetant en haut et sur les deux côtés. Le bas du cadre reste ouvert pour pouvoir y glisser une photographie.

8 Si vous souhaitez accrocher votre cadre au mur, vous pouvez acheter deux petits crochets adhésifs. Mais si vous préférez qu'il tienne debout, vous devez couper un morceau de carton aux dimensions données sur le croquis ci-contre. Entaillez la ligne marquée en pointillés de façon à marquer un pli. Coupez un morceau de doupion aux mêmes dimensions que le carton en ajoutant 1,5 cm tout autour de façon à pouvoir recouvrir les tranches, puis collez-le. Coupez un autre morceau de doupion pour recouvrir le dos du pied jusqu'au pli et collez-le. Collez solidement le haut du pied (du sommet jusqu'au pli) au centre du dos du cadre, en les alignant bord à bord.

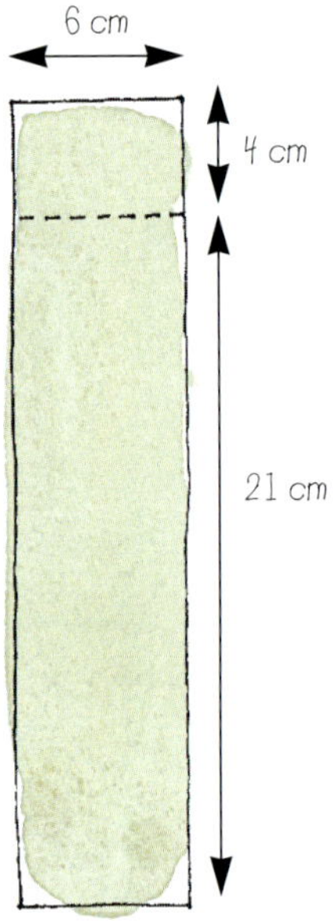

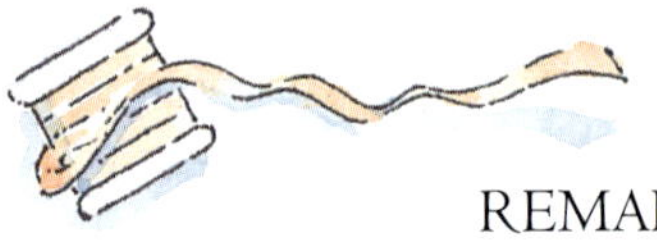

REMARQUE

Si vous travaillez avec de la soie ou un autre tissu qui a tendance à s'effilocher, vous pouvez coller un collier de perles tout autour des bords intérieurs de la fenêtre, afin de masquer des petits défauts qui pourraient apparaître sur le devant de l'ouvrage. (Ces défauts ont tendance à se produire lorsqu'on tend trop le tissu sur le cadre.)

LA ROBE DE BAPTÊME

J'ai orné de nombreuses robes de baptême en y brodant des rubans. Le résultat est splendide. Je travaille généralement ton sur ton (blanc ou ivoire) mais, afin que vous puissiez bien voir le motif sur la photographie, j'ai utilisé cette fois des rubans dans des tons pastel. J'ai confectionné cette petite robe dans du doupion de soie, avec des volants de dentelle en bas et aux poignets, et des rosettes de rubans aux manches. N'importe quelle robe achetée toute faite ou cousue par vos soins conviendra pourvu qu'elle ait un empiècement uni comme celle-ci.

IL VOUS FAUDRA :

une robe de baptême
ou
de la soie pour la confectionner (voir les instructions du patron pour le métrage)
une craie ou un crayon à transfert
un tambour à broder ou un cadre
une aiguille chenille n° 18
une aiguille à broder ou similaire
1,50 m de ruban de soie rose pâle en 7 mm de largeur
4,50 m de ruban de soie jaune pâle en 4 mm de largeur
50 cm de ruban de soie vert pâle en 7 mm de largeur
du fil à broder Mouliné DMC ivoire
2 ou 3 g de perles nacrées
une aiguille pour enfiler les perles
du fil à coudre DMC coordonné aux perles et aux rubans

La broderie du motif

1 Si vous confectionnez la robe vous-même, disposez les différentes pièces du patron sur le tissu et tracez leurs contours au crayon ou avec du fil à bâtir.

2 Repérez le centre de l'empiècement devant. Tendez cette zone du tissu sur le tambour à broder ou sur le cadre. Ne coupez pas les différentes pièces de tissu tant que la broderie n'est pas terminée, afin que le tissu ne s'effiloche pas.

3 Avec les rubans rose et jaune, brodez une rose froncée cousue au centre de l'empiècement. Brodez deux autres roses, cousues de part et d'autre de la rose centrale, à 4 cm de celle-ci.

4 Avec le ruban jaune, brodez deux fleurs à cinq pétales au point de ruban, entre les roses froncées et sous celles-ci (voir le diagramme de la page 88).

5 Avec le ruban vert, brodez trois feuilles au point de ruban au-dessus des roses froncées, aux emplacements indiqués sur le diagramme.

6 Avec deux brins de Mouliné DMC, brodez quatre fleurs au

rosette de Merrilyn

rose froncée

point de bouclette

point de ruban

perle

point de bouclette aux emplacements indiqués sur le diagramme.

7 Avec le ruban jaune, brodez une rosette de Merrilyn avec deux longs pans de chaque côté du motif.

8 Cousez les perles nacrées au centre des fleurs jaunes et à la base des feuilles.

9 Sur le devant de la robe, à environ 15 cm du bas, brodez trois roses froncées de la même façon que sur l'empiècement. Brodez les fleurs avec le ruban jaune, les feuilles avec le vert, et les fleurs avec le Mouliné DMC ivoire, puis cousez les perles nacrées comme précédemment.

10 Avec la craie ou le crayon, tracez deux lignes parallèles comme sur le patron ci-dessous. Avec le ruban jaune, brodez des points de ruban entre ces deux lignes, d'un bout à l'autre du tracé.

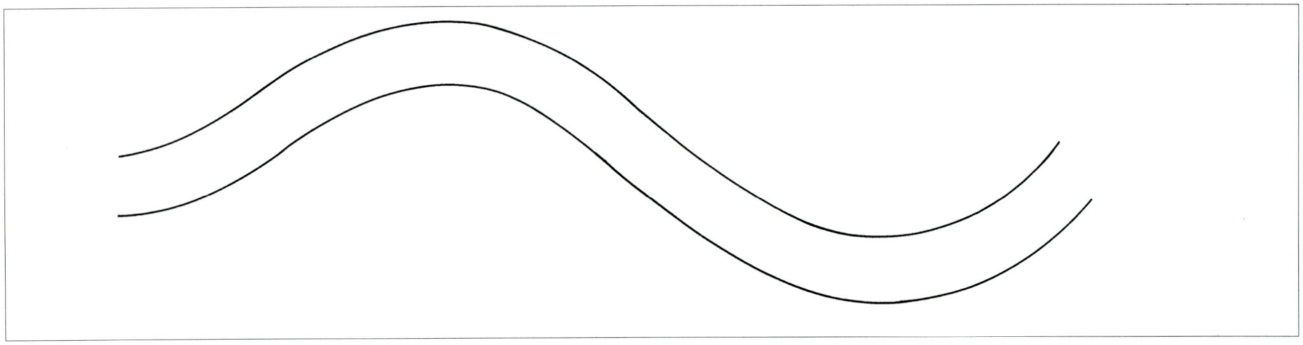

11 Cousez une perle au sommet de chaque point de ruban.

12 Coupez et assemblez la robe en suivant les instructions du patron. Comme touche finale, j'ai brodé des brides pour les boutons de nacre.

LES CARTES DE VŒUX

La broderie avec des rubans de soie est une technique qui convient parfaitement à la confection de cartes de vœux. Je vous propose ici quatre motifs destinés à des événements précis, mais vous pouvez les adapter pour d'autres occasions. Vous pouvez placer un peu de ouatine sous la broderie pour donner un aspect bien fini à l'ouvrage. Le petit motif de la carte de Noël est simple mais vraiment rapide et amusant à réaliser. Pour la fête des Mères, j'ai pensé que quelques simples iris remplaceraient avantageusement les habituelles jonquilles. Comme tissu de fond, j'ai utilisé du taffetas moiré mais d'autres tissus, comme le lin, le chintz ou le doupion de soie, conviendraient aussi bien. Les cartes de mariage et d'anniversaire ont été montées dans des supports décorés de découpes et de papillons imprimés. On pourrait aussi bien utiliser des supports achetés tout faits avec une fenêtre carrée de 7,5 cm de côté.

IL VOUS FAUDRA :

Pour la carte de Noël

un morceau de soie ivoire un peu plus grand que la carte
du ruban de soie de trois teintes de vert différentes (2 m de chaque teinte) en 4 mm de largeur
8 perles brillantes
une aiguille et du fil à coudre DMC pour les perles
un peu de ruban doré de 4 mm de largeur
un support de carte

Pour la carte de fête des Mères

un morceau de taffetas vert un peu plus grand que la carte
50 cm de ruban de soie bleu violacé en 4 mm de largeur
une aiguille à broder ou similaire
du fil à broder Mouliné DMC vert
75 cm de ruban de soie vert en 4 mm de largeur
un support de carte

Pour la carte de mariage

un morceau de soie ivoire un peu plus grand que la carte
75 cm de ruban de soie couleur chair en 4 mm de largeur
75 cm de ruban de soie orange en 7 mm de largeur
75 cm de ruban de soie vert en 7 mm de largeur
75 cm de ruban de soie vert pâle en 4 mm de largeur
un peu de fil à broder Mouliné DMC couleur chair
une aiguille à broder ou similaire
un support de carte

ou

51 x 15 cm de papier fort
un tampon "papillon" (facultatif)
des tampons encreurs de différentes couleurs (facultatif)
de la poudre à estamper (facultatif)
une plaque de cuisson (facultatif)

Pour la carte d'anniversaire

un morceau de satin vert un peu plus grand que la carte
50 cm de ruban de soie orange clair en 4 mm de largeur
un peu de ruban de soie marron clair en 4 mm de largeur

25 cm de ruban de soie orange en 7 mm de largeur
25 cm de ruban de soie vert mousse en 7 mm de largeur
un peu de fil à broder Mouliné DMC jaune
un peu de fil à broder Mouliné DMC vert
une aiguille à broder ou similaire
un support de carte
ou
51 x 15 cm de papier fort
un tampon "papillon" (facultatif)
des tampons encreurs de différentes couleurs (facultatif)
de la poudre à estamper (facultatif)
une plaque de cuisson (facultatif)

Pour toutes les cartes
une aiguille chenille n° 18
un peu de ouatine (facultatif)
un tambour à broder Ø 13 cm
une craie ou un crayon à transfert
de la colle à tissu

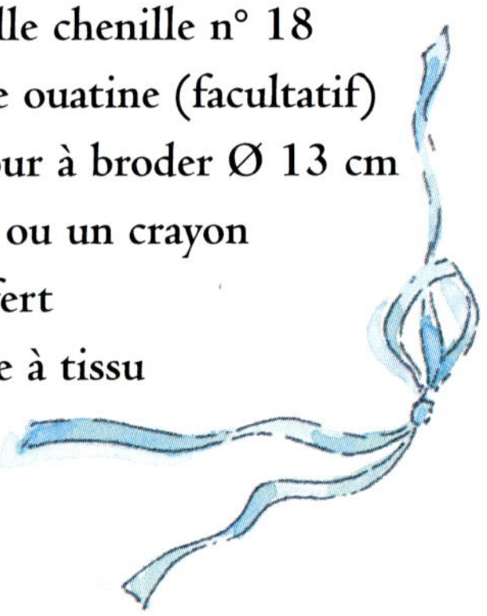

La broderie de la carte de Noël

1 Reportez le gabarit du sapin de la page 97 au centre du tissu avec la craie ou le crayon. Tendez le tissu sur le tambour à broder.

2 Avec les rubans verts, brodez des points de nœud sur toute la surface du sapin, en travaillant une teinte après l'autre, et en répartissant celles-ci au hasard.

3 Quand toute la surface du sapin est brodée, cousez les perles aux pointes des branches.

4 Avec le ruban doré, brodez trois points lancés disposés en triangle au sommet du sapin. Votre ouvrage est prêt à être monté comme il sera décrit plus loin.

REMARQUE

Pour broder le sapin, il est indispensable de travailler sur un tambour à broder afin que le tissu ne plisse pas.

La broderie de la carte de fête des Mères

1 Marquez le centre du tissu à la craie ou au crayon et tendez-le sur le tambour à broder.

2 Placez la première fleur à environ 2 cm au-dessus du centre. Brodez la fleur avec le ruban bleu violacé. Faites d'abord un point de bouclette d'environ 1 cm. Piquez l'aiguille dans le tissu puis ressortez-la sur l'endroit, au-dessous et à droite du point de bouclette. Passez l'aiguille derrière le point de bouclette en présentant le chas en premier (pour éviter de piquer dans le ruban), puis piquez dans le tissu en dessous et à gauche du point de bouclette.

3 Brodez une deuxième fleur à droite ou à gauche de la première, en la plaçant à une hauteur légèrement différente afin d'animer le motif. Brodez un bouton de fleur d'un simple point lancé.

4 Avec deux brins de Mouliné DMC, brodez les tiges en faisant de grands points lancés de la base des fleurs à 2 cm en-dessous du centre.

5 Avec le ruban vert, brodez de grands points lancés pour les feuilles, en laissant le ruban s'enrouler sur lui-même pour donner plus de volume à l'ouvrage.

6 L'ouvrage est maintenant prêt à être monté en suivant les explications de la page 96.

La broderie de la carte de mariage

1 Reportez le gabarit du papillon de la page 97 au centre du tissu avec la craie ou le crayon. Si vous le souhaitez, vous pouvez aussi créer votre propre motif de papillon. Tendez le tissu sur le tambour à broder.

2 Avec le ruban couleur chair, brodez le corps du papillon avec un point avant surjeté.

3 Avec le ruban orange, brodez la partie extérieure de l'aile droite avec des points lancés de différentes longueurs, mais tout en suivant bien le contour de l'aile.

4 Reprenez le ruban couleur chair et brodez des points lancés de différentes longueurs allant du corps aux points lancés orange.

5 Brodez l'aile gauche de la même façon, mais en utilisant le ruban vert de 7 mm pour la partie extérieure et le ruban vert pâle de 4 mm pour la partie intérieure.

6 Avec deux brins de Mouliné DMC, faites deux points de pistil pour les antennes.

7 Si vous utilisez un support tout fait, suivez les explications données plus loin. Si vous souhaitez fabriquer votre support, reportez le gabarit de la feuille de la page 97 sur la moitié gauche du volet central et évidez-la. Montez la broderie comme il est décrit plus loin.

8 Pour réaliser les papillons en relief, travaillez comme suit. Tamponnez un dessin de papillon à droite de la broderie et un autre dans le coin inférieur droit de la carte.

9 Tamponnez deux dessins de papillon sur un bout de papier fort puis saupoudrez les poudres à estamper. Utilisez une plaque de cuisson pour faire durcir les poudres.

REMARQUE

Les rubans ont été choisis après la réalisation des papillons de façon à les assortir aux couleurs des encres.

10 Découpez les deux papillons, encollez l'envers de leur corps, et collez-les sur les papillons tamponnés.

La broderie de la carte d'anniversaire

1 Marquez le centre du tissu à la craie ou au crayon et tendez-le sur le tambour à broder.

2 Avec le ruban orange clair, brodez un point lancé au centre puis une série d'autres points lancés aux endroits indiqués dans le diagramme ci-contre.

3 Brodez une fleur à cinq pétales au point de ruban à l'emplacement indiqué sur le diagramme.

4 Avec le ruban marron clair, brodez des boutons de fleur au point lancé, comme indiqué.

5 Avec le ruban orange clair, brodez deux points de ruban comme indiqué dans le diagramme.

6 Avec deux brins de Mouliné DMC jaune, brodez un point lancé au centre de chaque pétale orange.

7 Marquez un point à environ 2 cm au-dessous du centre. Avec deux brins de Mouliné DMC vert, brodez les tiges au point lancé, en réunissant leurs extrémités au point marqué précédemment. Brodez les sépales et les petites tiges au point arrière. Brodez les calices avec un point de plume à la base des boutons et un point lancé au milieu.

8 Avec le ruban vert, brodez quatre feuilles au point de ruban pour masquer l'extrémité des tiges.

9 Le montage est semblable à celui de la carte de mariage ci-dessus.

point lancé
point de ruban
point de plume et point lancé
perle

La confection des cartes

1 Dépliez le support et placez-le à l'endroit. Faites glisser la broderie sous la fenêtre jusqu'à ce que le motif soit centré. Tracez les contours du support sur le tissu. Retirez le tissu et découpez-le à 3 mm du trait de crayon, de façon qu'il ne dépasse pas du support.

2 Encollez l'envers du volet évidé et du volet droit du support. Positionnez le tissu et tendez-le bien. Éventuellement, placez un morceau

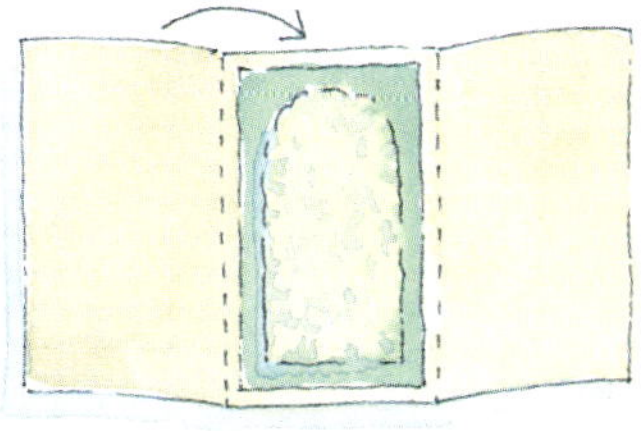

de ouatine à l'emplacement de la fenêtre et repliez le volet droit (voir croquis). Maintenez l'ensemble jusqu'à ce qu'il soit bien collé, mais sans trop appuyer pour ne pas aplatir la broderie.

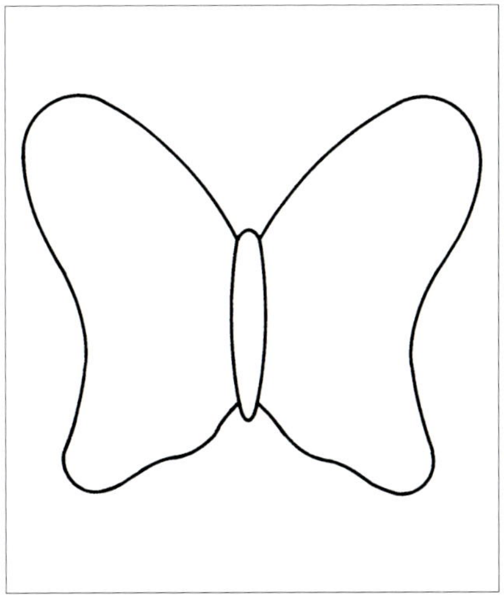

LE RUBAN PORTE-CADRE

Un ruban mettra en valeur votre photographie ou votre peinture préférées, tout en apportant une note raffinée dans la pièce. Choisissez une couleur qui s'harmonise à l'image choisie et au style de votre intérieur. J'ai choisi une soie aigue-marine en accord avec le paysage marin représenté sur le tableau dont j'ai pensé qu'il serait intéressant de rappeler le thème sur les pans du ruban.

IL VOUS FAUDRA :

1 m de doupion de soie aigue-marine en 115 cm de largeur
une craie ou un crayon à transfert
un tambour à broder
une aiguille chenille n° 18
une aiguille à broder ou similaire
1 écheveau de fil à broder Mouliné DMC corail
1 m de ruban de soie corail clair en 7 mm de largeur
50 cm du ruban de soie corail foncé en 7 mm de largeur
un peu de fil à broder Mouliné DMC corail foncé
du fil à coudre DMC aigue-marine
un anneau de rideau

La broderie du motif

1 Coupez deux bandes de tissu de 18 cm de largeur et de la longueur souhaitée : ce sont les pans du ruban qui partiront du nœud au-dessus du tableau et qui dépasseront sous celui-ci. À la craie ou au crayon, reportez le gabarit du coquillage de la page 101 à l'extrémité de l'un des pans, à 12 cm du bas et à 2,5 cm du bord gauche. Tendez cette partie du tissu sur le tambour à broder.

2 Avec deux brins de Mouliné DMC corail, brodez au passé plat la zone indiquée dans le diagramme ci-contre.

3 Avec le ruban corail clair, brodez la zone indiquée au point lancé. Ne laissez pas le ruban s'enrouler sur lui-même, mais travaillez très souplement de façon qu'il ondule.

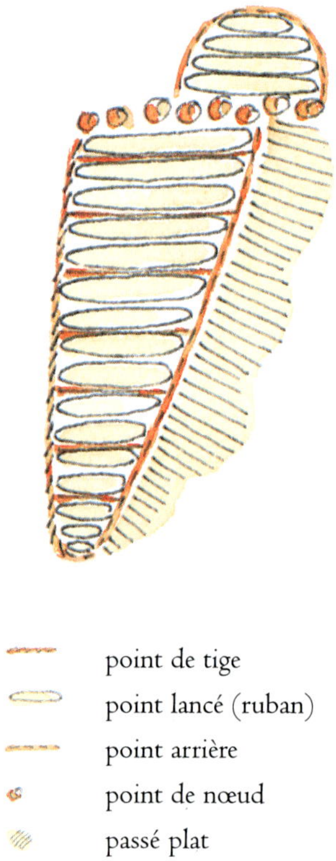

4 Avec le ruban corail foncé, brodez la zone indiquée au point de nœud, en enroulant deux fois le ruban autour de l'aiguille.

5 Avec deux brins de Mouliné DMC corail foncé, brodez la ligne au sommet du coquillage au point arrière. Brodez aussi de grands points lancés entre les points avec le ruban corail clair. Pour finir, toujours avec le Mouliné DMC corail foncé, brodez le contour du coquillage au point de tige.

6 Procédez de la même manière pour broder le deuxième pan, mais en inversant le sens du motif et en le positionnant à 2,5 cm du bord droit.

La confection du ruban porte-cadre

1 En plaçant la soie en biais, coupez un morceau de 19 x 60 cm : c'est la partie principale du nœud.

2 Pliez le tissu dans le sens de la longueur, endroit contre endroit. Épinglez et piquez le grand côté à 1 cm du bord. Retournez sur l'endroit de façon que la couture soit au milieu de l'une des faces.

croquis 1

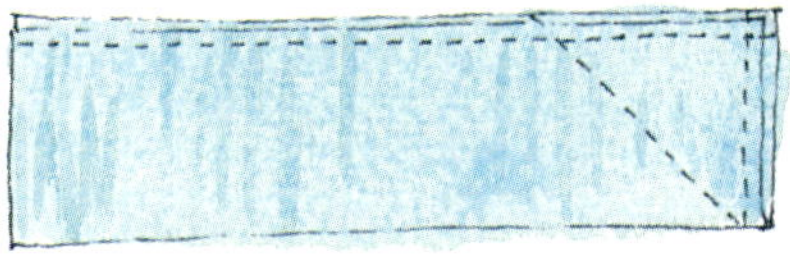

croquis 2

3 Pour confectionner le nœud, repliez les extrémités vers l'intérieur, formez des plis et maintenez-les par quelques points (voir croquis 1).

4 Coupez une petite bande de soie d'environ 6 x 12 cm et faites un ourlet tout autour. Froncez chacun des petits côtés, puis enroulez la bande autour du milieu du nœud en serrant un peu.

5 Pliez les pans en deux dans le sens de la longueur, endroit contre endroit, puis piquez le grand côté et le bas à 1 cm des bords. Façonnez le bas en pointe en piquant le

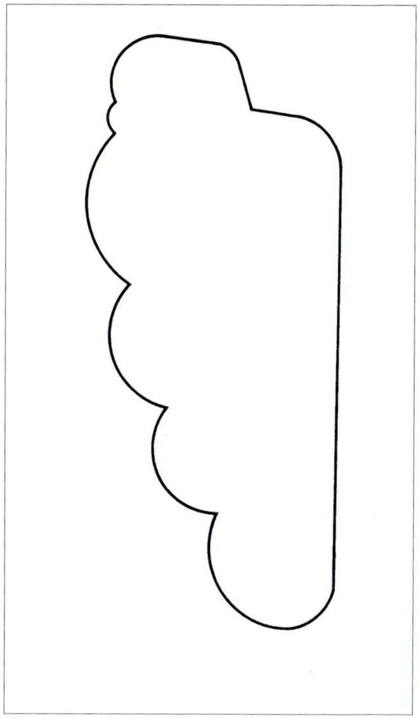

long d'une ligne allant du bas du côté plié à 8 cm au-dessus de la couture du côté opposé (voir croquis 2). Coupez le tissu à 1 cm de la couture.

6 Retournez sur l'endroit et repassez. Plissez le haut des pans puis fixez-les au dos du nœud par quelques points. Enfin, cousez un anneau de rideau au dos du nœud pour pouvoir le suspendre.

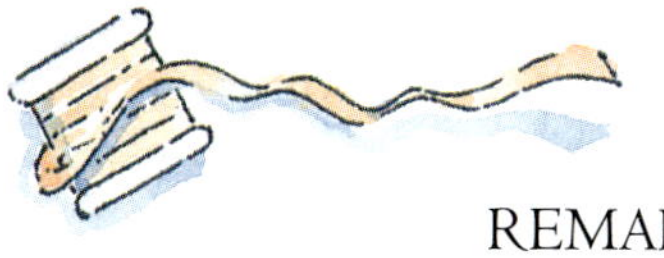

REMARQUE

Si vous décidez de créer votre propre motif, choisissez quelque chose de simple qui mette le tableau en valeur et non l'inverse.

Le patchwork naïf

Aux États-Unis, j'ai souvent vu des petits patchworks accrochés aux murs des maisons et j'ai toujours pensé qu'ils créaient une ambiance chaleureuse et amicale. Cela m'a inspirée pour imaginer ce panneau brodé de rubans sur un fond de toile de coton écrue, dans le style du folklore américain. Les motifs ne sont pas compliqués à broder, et c'est un très bon exercice pour apprendre à bien travailler le point lancé.

IL VOUS FAUDRA :

un carré de toile de coton de 30 cm de côté
un tambour à broder ou un cadre
une craie ou un crayon à transfert
une aiguille chenille n° 18
une aiguille à broder ou similaire
1 m de ruban de soie jaune en 4 mm de largeur
1,50 m de ruban de soie bleu en 4 mm de largeur
2 m de ruban de soie rouge en 4 mm de largeur
1,50 m de ruban de soie vert en 4 mm de largeur
1 m de ruban de soie violet en 4 mm de largeur
du fil à broder Mouliné DMC dans les coloris suivants : jaune, rouge, noir et vert
un peu de ruban de soie vert en 7 mm de largeur
50 cm de ruban de soie marron en 4 mm de largeur
75 cm de ruban de soie orange en 4 mm de largeur
1 m de ruban de soie jaune en 7 mm de largeur
50 cm de ruban de soie vert en 13 mm de largeur
26,5 x 28 cm de ouatine
60 x 50 cm de tissu imprimé pour les côtés et le dos
deux baguettes en bois, section Ø 5 mm, longueur 33 cm
1 m de cordelette ou de ruban pour suspendre le panneau

La broderie du motif

1 Tracez au centre de la toile une grille constituée de neuf rectangles égaux, les lignes verticales étant espacées de 6,5 cm et les horizontales de 7 cm.

2 À l'aide du gabarit de la page 106, dessinez cinq cœurs sur la toile aux emplacements indiqués dans le diagramme de la page 104.

3 À l'aide du gabarit de la page 106, dessinez deux poules sur la toile. Laissez les deux autres rectangles vierges.

4 Avec les rubans de 4 mm, brodez les cœurs au point lancé en suivant les indications de couleurs données dans le diagramme. Les points doivent être bien tendus et d'une manière régulière. Veillez à bien les

- point lancé
- point de ruban
- point de nœud
- point de tige

rapprocher, de façon qu'ils se chevauchent un peu pour former un ensemble compact.

5 Brodez les poules avec trois brins de Mouliné DMC jaune, en remplissant le contour de points lancés horizontaux et verticaux de différentes longueurs. Avec le ruban rouge, brodez des petits points lancés pour la crête et les pattes. Brodez le bec au point lancé, avec deux brins de Mouliné DMC rouge.

6 Avec les rubans de 4 mm bleu, rouge et vert, brodez la queue au point de ruban en travaillant comme indiqué page 17 mais en torsadant une fois le ruban. Gardez une tension souple pour obtenir des points légèrement gonflants.

7 Pour l'œil, faites un point de nœud avec deux brins de Mouliné DMC noir. Finissez la poule en brodant une aile au milieu du corps, au point de ruban, avec le ruban vert de 7 mm.

8 Pour les tournesols, prenez le ruban marron et brodez un point de nœud au centre, entouré de deux tours de points de nœud. Faites encore un tour de points de nœud avec le ruban orange.

9 Avec le ruban jaune de 7 mm, brodez des points de ruban tout autour du cœur.

10 Avec deux brins de Mouliné DMC vert, brodez la tige au point de tige.

11 Brodez les feuilles au point de ruban avec le ruban vert de 13 mm.

La confection du panneau

1 Placez la ouatine sur l'envers de la toile et épinglez-la. Surpiquez le long des quatre lignes intérieures de la grille.

2 Coupez deux bandes de tissu imprimé de 8 x 30 cm. Cousez-les de chaque côté du panneau, endroit contre endroit, en piquant les long des lignes verticales non surpiquées. Dépliez et repassez.

3 Coupez une autre bande de 42 x 8 cm et cousez-la à la base du panneau, en piquant le long de la dernière ligne horizontale. Dépliez et repassez (voir croquis 1).

4 Coupez un rectangle de tissu imprimé de 42 x 40 cm et placez-le sur la face brodée du panneau, endroit contre endroit. Piquez le long de la ligne horizontale supérieure non surpiquée, sur toute la largeur du panneau. Repassez.

5 Repliez les bandes des côtés sur l'envers de façon que les bords du panneau mesurent 3,5 cm de large, puis épinglez-les. Procédez de la même manière avec la bande du bas et le rectangle du haut de façon à obtenir des bords de 5 cm.

6 Repliez les bords du dos sur eux-mêmes pour les ajuster au devant et repassez. Faites une piqûre sur toute la largeur du panneau, en haut et en bas, à 3,5 cm de la toile, de façon à obtenir des gaines de 1,5 cm où on glissera les baguettes (voir croquis 2).

7 Surjetez le dos et le devant du panneau en laissant libres les extrémités des gaines.

8 Glissez les baguettes dans les gaines et nouez une cordelette ou un ruban à chaque extrémité de la baguette du haut pour pouvoir suspendre le panneau.

croquis 1

croquis 2

LA BOÎTE À BIJOUX

Une boîte à bijoux est toujours un présent agréable à offrir et à recevoir. Celle-ci est fabriquée comme l'écrin en soie de la page 79, mais recouverte cette fois d'une jolie cotonnade qui conviendra parfaitement à un cadeau d'anniversaire ou de fête des Mères. Le motif que j'ai créé s'harmonisera avec n'importe quel imprimé à petites fleurs.

IL VOUS FAUDRA :

une craie ou un crayon à transfert
un carré de tissu en coton ivoire
de 25 cm de côté
pour le médaillon du couvercle
un tambour à broder Ø 13 cm
une aiguille chenille n° 18
une aiguille à broder ou similaire
50 cm de ruban de soie
rose foncé en 4 mm de largeur
50 cm de ruban de soie
rose moyen en 4 mm de largeur
50 cm de ruban de soie
vert en 4 mm de largeur
du fil à broder
Mouliné DMC vert
de la carte bristol
ou du Rhodoïd
un cutter
du carton de 3 mm d'épaisseur
50 x 30 cm de feutrine
du fil à coudre DMC ivoire
50 x 30 cm de cotonnade
imprimée pour habiller
l'extérieur de la boîte
de la colle à tissu et un pinceau fin
une aiguille courbe
61 x 30 cm de tissu
en coton uni pour
la doublure
un cercle de ouatine
Ø 7,5 cm

La broderie et la confection de la boîte à bijoux

1 Tracez un cercle de 7,5 cm de diamètre au centre du tissu destiné au médaillon. Tendez le tissu sur le tambour à broder.

2 Avec le ruban rose foncé, brodez un bouton de rose avec un point de ruban asymétrique doublé, à l'emplacement indiqué sur le diagramme de la page 108.

3 Avec le même ruban, brodez trois points de bouclette aux endroits indiqués. Faites un point lancé au centre de chacun de ces points afin d'obtenir des points de bouclette remplis.

4 Avec le ruban rose moyen, brodez trois point en arête de poisson de chaque côté des points de bouclette remplis.

5 Avec le ruban rose foncé, ajoutez un ou deux pétales au point lancé à chaque rose. Glissez-les sous les pétales précédemment brodés.

6 Avec le ruban vert, brodez les feuilles au point de ruban aux emplacements indiqués.

7 Avec deux brins de Mouliné DMC, brodez les tiges au point de tige, comme indiqué.

8 Fabriquez la boîte en suivant les explications et en utilisant les gabarits des pages 78 à 82.

- point de ruban asymétrique
- point de ruban
- point de bouclette rempli
- point en arête de poisson
- point de tige
- point lancé

REMARQUE

Je vous recommande d'employer une cotonnade destinée au cartonnage car elles ont un tissage serré et ne s'effilochent pas trop.

L'ARBRE EN SPIRALE

Les arbres d'ornement ont toujours été populaires à travers les siècles et je ne préfère rien à la vue d'une belle allée bordée d'arbres en pots, dans un parc majestueux. J'ai créé deux modèles d'arbre sur un même fond de tissu damassé ivoire et encadrés pareillement afin qu'ils puissent être réalisés séparément ou pour former un ensemble. Le premier, un arbre taillé en spirale, est un ouvrage de difficulté moyenne, brodé presque essentiellement au point de nœud. Chaque partie, claire ou sombre de la spirale, est composée de deux teintes afin d'obtenir des ombres au rendu très réaliste.

IL VOUS FAUDRA :

un carré de tissu damassé ivoire de 40 cm de côté
une craie ou un crayon à transfert
un tambour à broder ou un cadre
une aiguille chenille n° 18
une aiguille à broder ou similaire
50 cm de ruban de soie marron en 4 mm de largeur
6 m de ruban de soie vert clair en 4 mm de largeur
6 m de ruban de soie vert moyen en 4 mm de largeur
2 m de ruban de soie vert très foncé en 4 mm de largeur
1,50 m de ruban de soie vert foncé en 4 mm de largeur
1,50 m de ruban de soie doré en 7 mm de largeur
un peu de fil à broder Mouliné DMC vert
50 cm de ruban de soie ivoire en 7 mm de largeur
25 cm de ruban de soie vert en 7 mm de largeur
50 cm de ruban de soie bleu pâle en 4 mm de largeur
un peu de fil à broder Mouliné DMC jaune
25 cm de ruban de soie vert en 4 mm de largeur

La broderie du motif

1 Reportez le dessin de l'arbre de la page 113 au centre du tissu. Repassez le tissu puis tendez-le sur le tambour à broder ou sur le cadre.

2 Tout d'abord, avec le ruban marron, brodez les bouts de tronc au point de chaînette torsadé.

3 Avec le ruban vert clair, brodez des points de nœud éparpillés sur toute la première zone, en démarrant au sommet de l'arbre. Remplissez les espaces laissés libres avec des points de nœud brodés avec le ruban vert moyen. Les points de nœud ne doivent pas recouvrir complètement la zone : cela rend mieux si un peu de tissu apparaît entre eux.

4 Avec le ruban vert très foncé, brodez la deuxième zone de la même façon, en complétant les espaces en vert foncé. J'ai brodé légèrement plus de points de nœud vert très foncé afin d'obtenir une ombre globalement plus sombre.

5 Continuez à broder l'arbre de haut en bas, en alternant les zones brodées en clair et celles brodées en foncé. Terminez par une zone claire.

6 Pour le panier, prenez le ruban doré et brodez de grands points lancés verticaux de haut en bas du rectangle, puis, avec le ruban ivoire, brodez de grands points lancés horizontaux en les tissant dessus et dessous les points dorés.

7 Pour finir les bords, brodez les quatre côtés du panier au point avant surjeté avec le ruban doré.

8 Brodez les détails au pied du panier comme suit. Brodez des fleurs au point bouclé avec le ruban bleu pâle puis faites un point de nœud au centre avec le Mouliné DMC jaune. Avec le ruban vert de 7 mm, brodez les feuilles au point de ruban, en les disposant deux par deux, alignées sur la base du motif. Brodez les tiges au point lancé avec deux brins de Mouliné DMC vert, puis ajoutez une ou deux feuilles sur chaque tige, au point de ruban, avec le ruban vert de 4 mm.

9 Faites encadrer la broderie par un professionnel. Avant d'être monté dans un cadre, le tissu doit être tendu sur un support en bois soigneusement poncé. J'ai choisi un cadre vitré pour cet ouvrage ainsi que pour le suivant.

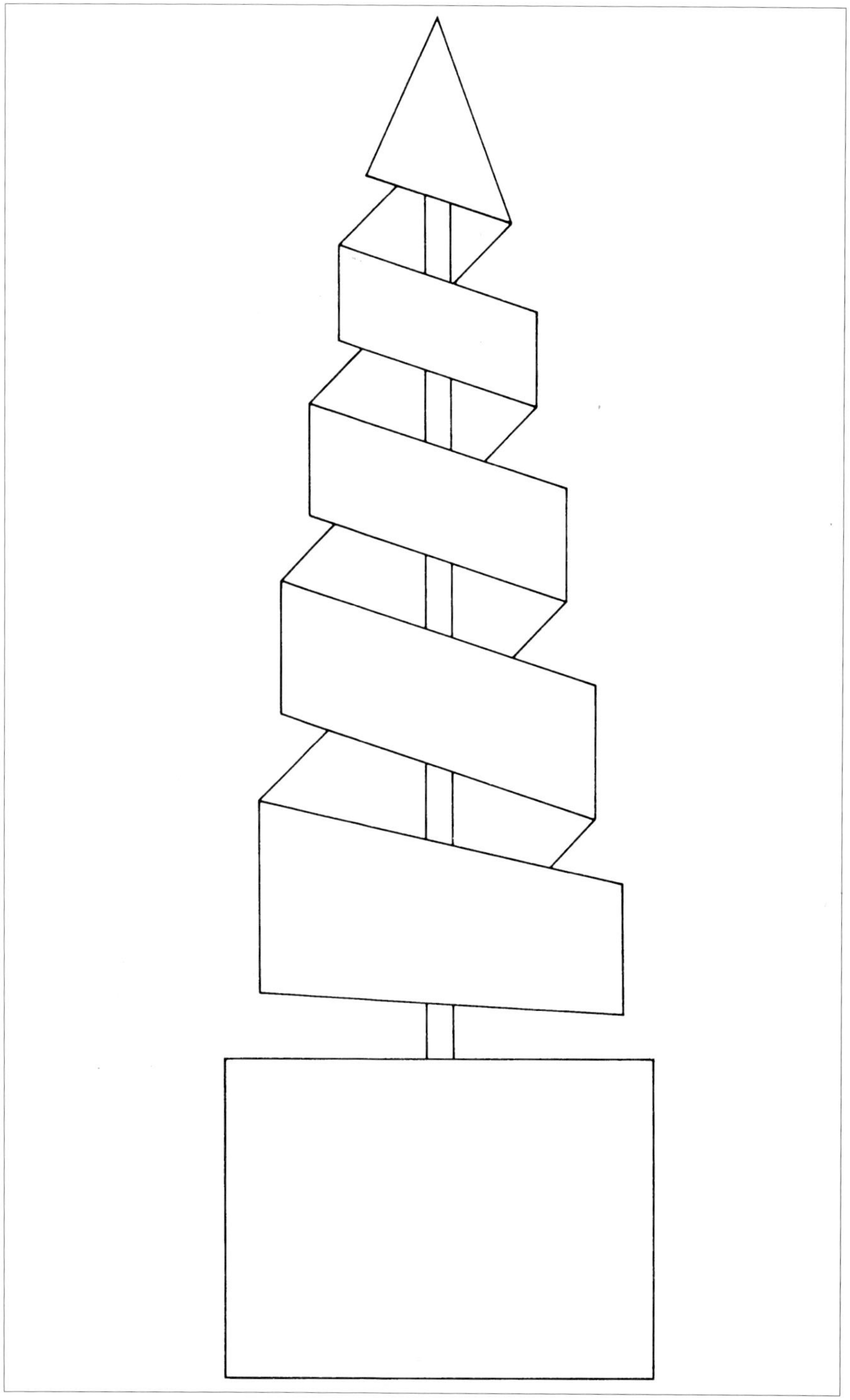

L'ARBRE FLEURI

Ce deuxième arbre d'ornement peut servir de pendant à l'ouvrage précédent. Le motif fait appel à une grande variété de points de broderie. C'est un ouvrage plus compliqué, destiné aux brodeuses de rubans expérimentées. Il peut être décliné dans d'autres combinaisons de couleurs et serait d'un bel effet sur un coussin.

IL VOUS FAUDRA :

un carré de tissu damassé ivoire de 40 cm de côté
un tambour à broder ou un cadre
une craie ou un crayon à transfert
une aiguille chenille n° 18
une aiguille à broder ou similaire
1 m de ruban de soie blanc cassé en 4 mm de largeur
1,50 m de ruban de soie rouge en 4 mm de largeur
un peu de fil à broder Mouliné DMC mauve
50 cm de ruban de soie mauve en 4 mm de largeur
du fil à broder Mouliné DMC moutarde
1 m de ruban de soie violet en 4 mm de largeur
50 cm de ruban de soie jaune en 4 mm de largeur
1,50 m de ruban de soie bleu en 4 mm de largeur
du fil à broder Mouliné DMC or
2 m de ruban de soie doré en 7 mm de largeur
du fil à broder Mouliné DMC vert
1,50 m de ruban de soie vert mousse en 4 mm de largeur
50 cm de ruban de soie vert en 7 mm de largeur
1 m de ruban de soie vert moyen en 4 mm de largeur
50 cm de ruban de soie marron en 4 mm de largeur
50 cm de ruban de soie ivoire en 4 mm de largeur

La broderie du motif

1 Repassez bien le tissu. Marquez le centre avec deux épingles en croix. Tracez un cercle de 7,5 cm de diamètre au centre de la largeur, la base de ce cerle étant alignée à la hauteur du centre précédemment repéré.

2 Tracez une ligne verticale de 5,5 cm à partir de la base du cercle : c'est le tronc. Pour le panier, tracez un rectangle de 6 cm de largeur sur 4,5 cm de hauteur en bas du tronc. Tendez la partie dessinée sur le tambour à broder ou sur le cadre.

3 En suivant le diagramme de la page 116, brodez le motif à l'intérieur du cercle en utilisant les différents rubans et en travaillant avec deux brins de Mouliné DMC. Brodez d'abord les fleurs en allant des plus grandes aux plus petites, terminez par les feuilles au point de bouclette et

- point avant surjeté
- point de chaînette torsadé
- point de corail
- point de nœud
- point bouclé
- rose étoilée
- point de pistil
- point de bouclette
- point de ruban
- point de plume et point lancé

au point de ruban. La surface du cercle doit être généreusement recouverte. Les fleurs sont brodées comme suit.

Fleurs rouges : trois points de nœud ivoire au centre, entourés de point de corail rouge.

Fleurs mauves : roses étoilées.

Fleurs violettes : un point de nœud avec le Mouliné DMC moutarde au centre, puis cinq pétales violets au point de ruban.

Fleurs bleues : un point de nœud avec le ruban jaune au centre, entouré de quatre à six points de nœud bleus.

Fleurs blanches : un point de nœud avec le Mouliné DMC or au centre, entouré de cinq points bouclés ivoire, et un point de pistil avec le Mouliné DMC or sur chaque boucle.

Boutons de fleur jaunes : un point de ruban avec le ruban doré et des détails avec le Mouliné DMC vert.

4 Brodez les feuilles comme suit. Autour des fleurs bleues, brodez des feuilles au point de bouclette avec le ruban vert mousse. Autour des fleurs mauves, brodez des feuilles au point de ruban bouffant avec le ruban vert de 7 mm. Autour des fleurs violettes, brodez des feuilles au point de ruban avec le ruban vert moyen de 4 mm.

5 Brodez le tronc au point de chaînette torsadé avec le ruban marron de 4 mm.

6 Brodez le panier avec les rubans de 7 mm doré et ivoire, en suivant les explications de la page 113 (étape 6).

7 Pour finir les bords du panier, brodez les quatre côtés au point avant surjeté avec le ruban doré.

8 Pour terminer, brodez quelques fleurs et quelques feuilles en haut du panier et quelques feuilles sur le sol, comme cela est indiqué dans le diagramme.

9 Pour encadrer l'ouvrage, reportez-vous aux explications de la page 113.

L'HERBIER DES JARDINS

J'ai brodé quelques-unes de mes fleurs préférées sur ce panneau matelassé, certaines que je fais pousser dans mon jardin, d'autres dont je ne peux que rêver de faire pousser un jour ! C'est un ouvrage complexe, destiné aux brodeuses chevronnées. Les fleurs sont toutes présentées et expliquées une par une et, bien entendu, elles pourraient être employées de multiples façons pour embellir d'autres ouvrages. La liste des rubans nécessaires est donnée pour chaque fleur.

IL VOUS FAUDRA :

43 x 92 cm de toile de coton
une craie ou un crayon à transfert
un tambour à broder ou un cadre
une aiguille chenille n° 18
une aiguille à broder ou similaire
un carré de ouatine de 40 cm de côté
3,50 m de ruban de satin vert en 3 mm de largeur
du fil à coudre DMC coordonné à la toile de coton
deux baguettes en bois, Ø 10 mm, longueur 48 cm
60 cm de ruban ou de cordelette pour suspendre le panneau

Les pensées

50 cm de ruban de soie violet en 7 mm de largeur
50 cm de ruban de soie bleu en 7 mm de largeur
25 cm de ruban de soie jaune en 2 mm de largeur
un peu de fil à broder Mouliné DMC bleu marine
un peu de fil à broder Mouliné DMC vert
50 cm de ruban de soie vert foncé en 7 mm de largeur

La lavande

1 m de ruban de soie lavande en 2 mm de largeur
un peu de Coton Perlé DMC vert
25 cm de ruban de soie vert clair en 2 mm de largeur

Les cyclamens

50 cm de ruban de soie blanc en 7 mm de largeur
un peu de fil à broder Mouliné DMC rouge cerise
un peu de fil à broder Mouliné DMC jaune
25 cm de ruban de soie vert foncé en 7 mm de largeur
un peu de fil à broder Mouliné DMC vert foncé

Les myosotis

75 cm de ruban de soie bleu en 2 mm de largeur
un peu de fil à broder Mouliné DMC vert
un peu de fil à broder Mouliné DMC jaune
50 cm de ruban de soie vert en 7 mm de largeur

Les primevères

50 cm de ruban de soie rose foncé en 4 mm de largeur
un peu de fil à broder Mouliné DMC jaune
un peu de fil à broder Mouliné DMC vert
25 cm de ruban de soie vert en 7 mm de largeur

Les lys

50 cm de ruban de soie blanc
en 13 mm de largeur
50 cm de ruban de soie vert
en 7 mm de largeur
un peu de fil à broder
Mouliné DMC vert
un peu de fil à broder
Mouliné DMC jaune

Les chrysanthèmes

25 cm de ruban de soie
rouge foncé en 4 mm de largeur
75 cm de ruban de soie couleur
chair en 4 mm de largeur
un peu de fil à broder
Mouliné DMC vert

Les iris

50 cm de ruban de soie
bleu violacé en 4 mm de largeur
un peu de fil à broder
Mouliné DMC vert
50 cm de ruban de soie vert
en 4 mm de largeur

Les roses

50 cm de ruban de soie
rose clair en 4 mm de largeur
50 cm de ruban de soie
rose moyen en 4 mm de largeur
50 cm de ruban de soie
vert pâle en 4 mm de largeur
un peu de fil à broder
Mouliné DMC vert

Les marguerites

50 cm de ruban de soie jaune
en 4 mm de largeur
un peu de fil à broder
Mouliné DMC jaune
un peu de fil à broder
Mouliné DMC vert clair
50 cm de ruban de soie
vert tilleul en 4 mm de largeur

Les violettes

50 cm de ruban de soie violet
en 4 mm de largeur
un peu de fil à broder
Mouliné DMC jaune
un peu de fil à broder
Mouliné DMC vert
50 cm de ruban de soie vert
en 7 mm de largeur

Le muguet

1,50 m de ruban de soie blanc
en 4 mm de largeur
un peu de fil à broder
Mouliné DMC vert foncé
50 cm de ruban de soie
vert foncé en 7 mm de largeur

Les roses trémières

50 cm de ruban de soie bordeaux
en 4 mm de largeur
un peu de fil à broder
Mouliné DMC vert foncé
50 cm de ruban de soie
vert foncé en 7 mm de largeur
un peu de fil à broder
Mouliné DMC rose clair

Les perce-neige

50 cm de ruban de soie blanc
en 4 mm de largeur
un peu de fil à broder
Mouliné DMC vert

Les tritoma

50 cm de ruban de soie jaune
en 4 mm de largeur
1 m de ruban de soie orange
en 4 mm de largeur
un peu de fil à broder
Mouliné DMC vert
50 cm de ruban de soie vert
en 4 mm de largeur

Les campanules

50 cm de ruban de soie
rose violacé en 4 mm de largeur
un peu de fil à broder
Mouliné DMC vert moyen
50 cm de ruban de soie
vert moyen en 4 mm de largeur

La broderie du motif

Tracez un carré au centre de la largeur de la toile (à 5,5 cm de chaque bord) et à 10 cm du bas du tissu. Divisez-le en seize carrés de 8 cm de côté chacun, de façon à obtenir une grille. Tendez la toile sur le tambour à broder ou sur le cadre et brodez l'herbier de haut en bas, en plaçant les différentes fleurs comme indiqué sur le croquis de la page 126.

Les pensées

1 Brodez les pensées en commençant le travail en haut et à gauche du motif, comme suit.

2 Avec le ruban violet, brodez deux points de ruban pour chaque fleur et un seul pour le bouton, comme sur la photographie.

3 Avec le ruban bleu, ajoutez trois points de ruban à chaque fleur.

4 Avec le ruban jaune, brodez un petit point lancé sur chacun des trois pétales.

5 Avec deux brins de Mouliné DMC bleu marine, brodez un point lancé sur chaque point lancé jaune et un point de nœud assez gros au centre de chaque fleur.

6 Brodez les trois tiges au point de tige avec deux brins de Mouliné DMC vert.

7 Avec le ruban vert, brodez les feuilles au point de ruban.

La lavande

1 Avec le ruban lavande, brodez les grappes de fleurs en faisant des petits points lancés disposés en épis, comme sur la photographie. Surjetez chaque point lancé de la même façon que pour le point avant surjeté (voir page 24).

2 Avec le Coton Perlé DMC vert pâle, brodez les quatre tiges au point lancé.

3 Avec le ruban vert, brodez les feuilles en faisant des petits points lancés de chaque côté des tiges.

Les cyclamens

1 Avec le ruban blanc, brodez les fleurs aux emplacements indiqués sur la photographie. Faites trois pétales au point lancé pour chaque fleur.

2 Avec deux brins de Mouliné DMC rouge cerise, faites un point lancé sur chaque pétale, de la base jusqu'au tiers de la hauteur.

3 Avec deux brins de Mouliné DMC jaune, brodez un unique point lancé horizontal à la base de chaque fleur.

4 Avec deux brins de Mouliné DMC vert, brodez les trois tiges au point de tige, comme indiqué sur la photographie.

5 Les feuilles sont brodées au point de ruban avec le ruban vert.

Les myosotis

1 Avec le ruban bleu, faites de petits points lancés pour broder les pétales des fleurs. La plupart des fleurs ont cinq pétales, mais l'effet sera plus réaliste si vous en brodez quelques-unes avec seulement un ou deux pétales.

2 Avec deux brins de Mouliné DMC vert, brodez les tiges au point lancé. Toujours avec le Mouliné DMC vert et au point de tige, brodez des folioles reliant trois ou quatre des fleurs aux tiges principales.

3 Avec deux brins de Mouliné DMC jaune, brodez un point de nœud au centre de chaque fleur pour le cœur.

4 Avec le ruban vert, brodez les groupes de feuilles au point de ruban. Disposez quelques-unes de ces feuilles sur les tiges, en biais, comme indiqué sur la photographie ci-dessus.

Les primevères

1 Avec le ruban rose foncé, brodez les fleurs au point de nœud, en nombre différent d'un groupe à l'autre.

2 Avec deux brins de Mouliné DMC jaune, faites un point de nœud au centre de chaque fleur pour le cœur..

3 Avec deux brins de Mouliné DMC vert, brodez les tiges au point de tige.

4 Avec le ruban vert, brodez les feuilles en faisant des points de ruban disposés par groupes.

Les lys

1 Avec le ruban blanc, brodez un point de ruban pour chaque fleur.

2 Avec le ruban vert, brodez des feuilles tout près des fleurs, au point de ruban.

3 Avec deux brins de Mouliné DMC vert, brodez de grands points lancés pour les tiges.

4 Avec un brin de Mouliné DMC jaune, faites des petits points de nœud au centre de chaque fleur, de la base jusqu'à la moitié de la hauteur.

Les chrysanthèmes

1 Avec le ruban rouge foncé, brodez trois points de nœud pour chaque fleur.

2 Avec le ruban chair, faites deux tours de points de corail autour.

3 Avec deux brins de Mouliné DMC vert, brodez les tiges au point de tige et les feuilles au point de plume.

Les iris

1 Avec le ruban bleu violacé, brodez les fleurs en faisant d'abord un point de bouclette puis, après avoir ramené l'aiguille sur l'endroit du tissu, faites passer le ruban sous le point de bouclette et piquez de l'autre côté de celui-ci (voir le point de bouclette page 19).

2 Avec deux brins de Mouliné DMC vert, faites de grands points lancés pour les tiges.

3 Avec le ruban vert, faites de grands points lancés torsadés pour les feuilles.

Les roses

1 Brodez les roses au point en arête de poisson avec les rubans rose clair et rose moyen. Faites le point du centre en rose moyen, puis un point en rose clair et un autre en rose moyen de chaque côté. Le bouton de rose est composé d'un point de ruban doublé en rose moyen, comme indiqué sur la photographie.

2 Avec le ruban vert, brodez les feuilles autour des roses au point de ruban.

3 Avec deux brins de Mouliné DMC vert, brodez les tiges au point de tige.

4 Ajoutez quelques feuilles sur les tiges en faisant des petits points de ruban.

Les marguerites

1 Avec le ruban jaune, brodez pour chaque fleur un cercle de sept points de ruban en étoile.

2 Avec deux brins de Mouliné DMC jaune, faites au centre de chaque fleur deux ou trois points de nœud en enroulant deux fois le fil autour de l'aiguille.

3 Avec deux brins de Mouliné DMC vert, brodez les tiges au point de tige.

4 Avec le ruban vert, brodez les feuilles en faisant des petits points lancés sur les tiges.

Les violettes

1 Avec le ruban violet, brodez cinq pétales au point de ruban pour chaque fleur, en séparant bien les deux pétales du haut et les trois du bas.

2 Avec deux brins de Mouliné DMC jaune, faites un point de nœud au centre de chaque fleur en enroulant deux fois le fil autour de l'aiguille.

3 Avec deux brins de Mouliné DMC vert, brodez de grands points lancés pour les tiges.

4 Avec le ruban vert, brodez les feuilles au point de ruban. Les feuilles doivent être bien bouffantes.

Le muguet

1 Pour chaque brin, brodez quatre points de nœud avec le ruban blanc (disposez-les en vous rappelant que leurs tiges seront courbées).

2 Avec deux brins de Mouliné DMC vert, brodez les tiges au point de tige et au point lancé.

3 Avec le ruban vert, brodez de grands points lancés pour les feuilles.

4 Avec un seul brin de Mouliné DMC vert, brodez une ligne de petits points avant au centre de chaque feuille.

Les roses trémières

1 Avec le ruban bordeaux, brodez à la base de chaque fleur quatre points de nœud souples, en enroulant deux fois le ruban autour de l'aiguille. Continuez à broder vers le haut en faisant des points de plus en serrés. Après deux ou trois rangées, faites des points de nœud simples. Brodez deux ou trois petits points lancés au sommet de chaque fleur.

2 Avec deux brins de Mouliné DMC vert, brodez deux ou trois boutons au sommet des fleurs, au point de bouclette.

3 Avec le ruban vert, brodez des feuilles à la base de chaque fleur avec des points de ruban bouffants tournés vers le bas, puis ajoutez une ou deux feuilles un peu plus haut.

4 Avec deux brins de Mouliné DMC rose, faites des points de nœud par-ci par-là, sur les points de nœud en ruban.

Les perce-neige

1 Avec le ruban blanc, brodez trois petits points lancés pour chaque fleur de façon que celles-ci soient courbées vers le bas. Brodez un point lancé pour chacun des deux boutons, comme indiqué sur la photographie.

2 Avec deux brins de Mouliné DMC vert, brodez les tiges au point de tige puis les feuilles avec des points lancés de taille moyenne.

Le tritoma

1 Avec le ruban jaune, brodez trois points lancés à la base de chaque fleur, puis faites un point de nœud à l'extrémité de chacun d'eux.

2 Brodez les autres pétales de la même façon mais avec le ruban orange, afin d'obtenir une forme rectangulaire allongée, comme indiqué sur la photographie.

3 Avec deux brins de Mouliné DMC vert, brodez les tiges au point de tige.

4 Avec le ruban vert, brodez les feuilles en faisant de grands points lancés torsadés. La fleur de gauche a trois feuilles, celle de droite deux.

Les campanules

1 Avec le ruban rose violacé, brodez des groupes de trois points de ruban pour chaque fleur, en arrêtant de tirer le ruban dès qu'il s'enroule à l'extrémité.

2 Avec deux brins de Mouliné DMC vert, brodez les tiges au point de tige.

3 Avec le ruban vert, brodez les feuilles (deux au point lancé de chaque côté de chacune des fleurs, et une au point de ruban au bas de la tige).

La confection du panneau

1 Placez la ouatine derrière la toile brodée. Bâtissez l'ensemble soigneusement pour éviter de faire des plis en piquant.

2 Sur l'endroit du panneau, placez du ruban en satin vert le long de chacune des lignes de la grille, en le repliant sur lui-même aux extrémités. Piquez tous les rubans au point de zigzag. Enlevez les fils de bâti.

3 Repliez les quatre côtés du panneau de façon à obtenir autour de la broderie des bordures de 5,5 cm en haut et en bas, et de 4 cm sur les côtés. Repliez sur lui-même le bas du dos du panneau de façon à l'aligner avec le devant. Épinglez puis piquez sur toute la largeur du haut, à 4 cm du dernier ruban, de façon à obtenir une gaine de 1,5 cm pour glisser la baguette. Procédez de la même façon au bas du panneau.

4 Assemblez le dos et le devant en surjetant les côtés, mais en laissant les extrémités des gaines ouvertes. Enlevez les épingles. Glissez les baguettes dans les gaines et nouez une cordelette ou un ruban à chaque extrémité de la baguette du haut pour pouvoir suspendre le panneau.

Adresses

DMC

Les fournitures DMC sont disponibles dans les merceries, les boutiques *Imagine*, les grands magasins et le magasin *Loisirs et Création* 87, Centre commercial Euralille, 59777 Lille - Tél. 20 51 39 01.
Pour connaître le nom des distributeurs des produits DMC dans la région que l'on habite, écrire à :
DMC, Service consommateurs, 13, rue Pfastatt, 68057 Mulhouse, ou téléphoner au 89 32 45 28.

Magasins Imagine

15, rue Bellefeuille, 75016 Paris - Tél. (1) 45 53 02 61
125, rue de Courcelles, 75017 Paris - Tél. (1) 46 22 22 46
87 ter, rue Didot, 75014 Paris - Tél. (1) 40 44 98 77

MOKUBA

18, rue Montmartre, 75001 Paris - Tél. (1) 40 13 81 41

Fils à broder DMC®

Tableau de recherche des couleurs

Ce tableau vous permet de trouver rapidement dans la carte des couleurs reproduite ci-après à quel numéro correspond une couleur. Les numéros des couleurs sont sur fond grisé et classés en ordre croissant. Les numéros en regard, sur fond blanc, vous renvoient à l'une des 26 colonnes de la carte des couleurs. La couleur recherchée s'y trouve.

ECRU	22	**211**	6	**400**	19	**563**	11	**727**	17	**813**	8	**910**	11	**971**	18	**3347**	12	**3773**	20
BLANC	22	**221**	5	**402**	19	**564**	11	**729**	16	**814**	2	**911**	11	**972**	18	**3348**	12	**3774**	20
B5200	22	**223**	5	**407**	20	**580**	14	**730**	14	**815**	2	**912**	11	**973**	18	**3350**	3	**3776**	19
48	24	**224**	5	**413**	23	**581**	14	**731**	14	**816**	2	**913**	11	**975**	19	**3354**	3	**3777**	20
51	26	**225**	5	**414**	23	**597**	9	**732**	14	**817**	1	**915**	4	**976**	19	**3362**	13	**3778**	20
52	24	**300**	19	**415**	23	**598**	9	**733**	14	**818**	3	**917**	4	**977**	19	**3363**	13	**3779**	20
53	26	**301**	19	**420**	16	**600**	4	**734**	14	**819**	3	**918**	19	**986**	12	**3364**	13	**3781**	22
57	24	**304**	2	**422**	16	**601**	4	**738**	21	**820**	7	**919**	19	**987**	12	**3371**	21	**3782**	22
61	26	**307**	17	**433**	21	**602**	4	**739**	21	**822**	22	**920**	19	**988**	12	**3607**	4	**3787**	22
62	24	**309**	3	**434**	21	**603**	4	**740**	17	**823**	8	**921**	19	**989**	12	**3608**	4	**3790**	22
67	25	**310**	23	**435**	21	**604**	4	**741**	17	**824**	8	**922**	19	**991**	10	**3609**	4	**3799**	23
69	26	**311**	8	**436**	21	**605**	4	**742**	17	**825**	8	**924**	10	**992**	10	**3685**	3	**3801**	2
75	24	**312**	8	**437**	21	**606**	18	**743**	17	**826**	8	**926**	10	**993**	10	**3687**	3	**3802**	5
90	26	**315**	5	**444**	17	**608**	18	**744**	17	**827**	8	**927**	10	**995**	9	**3688**	3	**3803**	3
91	25	**316**	5	**445**	17	**610**	15	**745**	17	**828**	8	**928**	10	**996**	9	**3689**	3	**3804**	4
92	25	**317**	23	**451**	23	**611**	15	**746**	16	**829**	15	**930**	7	**3011**	15	**3705**	2	**3805**	4
93	25	**318**	23	**452**	23	**612**	15	**747**	9	**830**	15	**931**	7	**3012**	15	**3706**	2	**3806**	4
94	26	**319**	12	**453**	23	**613**	15	**754**	1	**831**	15	**932**	7	**3013**	15	**3708**	2	**3807**	7
95	24	**320**	12	**469**	13	**632**	20	**758**	20	**832**	15	**934**	13	**3021**	22	**3712**	1	**3808**	9
99	24	**321**	2	**470**	13	**640**	22	**760**	1	**833**	15	**935**	13	**3022**	22	**3713**	1	**3809**	9
101	25	**322**	8	**471**	13	**642**	22	**761**	1	**834**	15	**936**	13	**3023**	22	**3716**	2	**3810**	9
102	24	**326**	3	**472**	13	**644**	22	**762**	23	**838**	21	**937**	13	**3024**	22	**3721**	5	**3811**	9
103	25	**327**	6	**498**	2	**645**	23	**772**	12	**839**	21	**938**	21	**3031**	22	**3722**	5	**3812**	10
104	26	**333**	6	**500**	11	**646**	23	**775**	8	**840**	21	**939**	8	**3032**	22	**3726**	5	**3813**	11
105	26	**334**	8	**501**	11	**647**	23	**776**	3	**841**	21	**943**	10	**3033**	22	**3727**	5	**3814**	10
106	26	**335**	3	**502**	11	**648**	23	**778**	5	**842**	21	**945**	20	**3041**	5	**3731**	3	**3815**	10
107	24	**336**	8	**503**	11	**666**	2	**780**	16	**844**	23	**946**	18	**3042**	5	**3733**	3	**3816**	10
108	26	**340**	6	**504**	11	**676**	16	**781**	16	**869**	16	**947**	18	**3045**	16	**3740**	5	**3817**	10
111	26	**341**	6	**517**	9	**677**	16	**782**	16	**890**	12	**948**	1	**3046**	16	**3743**	5	**3818**	11
112	24	**347**	1	**518**	9	**680**	16	**783**	16	**891**	1	**950**	20	**3047**	16	**3746**	6	**3819**	14
113	25	**349**	1	**519**	9	**699**	14	**791**	7	**892**	1	**951**	20	**3051**	13	**3747**	6	**3820**	17
114	25	**350**	1	**520**	13	**700**	14	**792**	7	**893**	1	**954**	11	**3052**	13	**3750**	7	**3821**	17
115	24	**351**	1	**522**	13	**701**	14	**793**	7	**894**	1	**955**	11	**3053**	13	**3752**	7	**3822**	17
116	24	**352**	1	**523**	13	**702**	14	**794**	7	**895**	12	**956**	2	**3064**	20	**3753**	7	**3823**	17
121	25	**353**	1	**524**	13	**703**	14	**796**	7	**898**	21	**957**	2	**3072**	23	**3755**	8	**3824**	18
122	25	**355**	20	**535**	23	**704**	14	**797**	7	**899**	3	**958**	10	**3078**	17	**3756**	8	**3825**	18
123	25	**356**	20	**543**	21	**712**	21	**798**	7	**900**	18	**959**	10	**3325**	8	**3760**	9	**3826**	19
124	25	**367**	12	**550**	6	**718**	4	**799**	7	**902**	5	**961**	2	**3326**	3	**3761**	9	**3827**	19
125	25	**368**	12	**552**	6	**720**	18	**800**	7	**904**	14	**962**	2	**3328**	1	**3765**	9	**3828**	16
126	24	**369**	12	**553**	6	**721**	18	**801**	21	**905**	14	**963**	2	**3340**	18	**3766**	9	**3829**	16
208	6	**370**	15	**554**	6	**722**	18	**806**	9	**906**	14	**964**	10	**3341**	18	**3768**	10	**3830**	20
209	6	**371**	15	**561**	11	**725**	17	**807**	9	**907**	14	**966**	12	**3345**	12	**3770**	20		
210	6	**372**	15	**562**	11	**726**	17	**809**	7	**909**	11	**970**	18	**3346**	12	**3772**	20		

FILS À BRODER DMC

Mouliné Spécial Art. 117 - Coton Perlé Art. 115 ● nº 3 ○ nº 5 – *Coton perlé Art. 16* ▲ nº 5 △ nº 8 ▽ nº 12

1
3713
●○▲△ 761
●○▲△ 760
3712
●○△ 3328
●○△ 347
●○ 948
●○▲△ 754
●○▲△ 353
●○▲△ 352
●○△ 351
○▲△ 350
●○ 349
○△ 817
●○△ 894
●○▲△ 893
●○△ 892
○△ 891

2
○ 963
3716
○ 962
○ 961
●△ 957
●○△ 956
3708
3706
3705
○△ [3801]
●○▲△▽ 666
●○▲△ 321
○△ 304
●○▲△ 498
○△ 816
●○▲△ 815
○▲△▽ 814

3
○△ 819
●○▲△▽ 818
●○▲△ 776
○▲△ 3326
●○▲△ 899
○▲△ 335
●○▲△ 309
○ 326
○ 3354
3733
○ 3731
○ 3350
●○▲△▽ 3689
○▲△ 3688
●○▲△ 3687
[3803]
●○▲△ 3685

4
[3806]
[3805]
[3804]
●○▲△ 605
○▲△ 604
●○△ 603
●○△ 602
●○▲△ 601
○△ 600
3609
3608
3607
●△ 718
917
●○△ 915

5
●○△▽ 225
●○△▽ 224
●○△▽ 223
3722
3721
●○ 221
○△▽ 778
3727
○△▽ 316
3726
○△ 315
[3802]
●○△ 902
▲△▽ 3743
○△▽ 3042
○△ 3041
3740

6
●○▲△ 554
●○▲△ 553
●○▲△ 552
●○▲△ 550
●○▲△▽ 211
●○▲△ 210
○△ 209
●○▲△ 208
○ 327
3747
○△ 341
○△ 340
3746
○△ 333

7
○▲△ 794
○ 793
[3807]
○ 792
○ 791
●○▲△ 800
●○▲△ 809
●○▲△ 799
●○▲△ 798
●○▲△ 797
●○▲△ 796
●○△ 820
▲△▽ 3753
3752
●○▲△▽ 932
○▲△▽ 931
●○▲△ 930
3750

8
3756
○ 775
●○▲△ 3325
3755
○▲△ 334
●○▲△ 322
○▲ 312
○△ 311
●○▲△ 336
●○▲△ 823
○ 939
●○△ 828
●○▲△ 827
●○▲△ 813
●○▲△ 826
○△ 825
○△ 824

9
3761
●○▲△ 519
●○▲△ 518
3760
○△ 517
●○▲△ 996
●○▲△ 995
●○▲△ 747
3766
●○ 807
●○△ 806
3765
[3811]
●○ 598
●○ 597
[3810]
[3809]
[3808]

10
964
○△ 959
958
[3812]
●○▲△ 943
●○▲△ 993
○ 992
○△ [3814]
●○△ 991
●○△▽ 928
●○△▽ 927
926
●○ 3768
●○ 924
[3817]
[3816]
[3815]

11
●○△▽ 504
[3813]
○△▽ 503
●○ 502
●○ 501
●○ 500
564
563
562
561
●○△ 955
●○▲△ 954
●○▲△ 913
○△ 912
●○▲△ 911
○ 910
●○▲△ 909
[3818]

12
○ 966
○△ 369
●○▲△ 368
●○▲△ 320
●○▲△ 367
●○▲△ 319
●○▲△ 890
●○ 989
○ 988
●○ 987
○ 986
772
○▲△ 3348
●○▲△ 3347
●○▲△ 3346
●○▲△ 3345
○▲ 895

13
▲△▽ 524
523
522
520
○ 3053
○ 3052
○ 3051
3364
3363
3362
●○ 472
●○△ 471
●○△ 470
●○△ 469
●○▲△ 937
○ 936
○ 935
○ 934

14
○△ 704
●○▲△ 703
●○▲△ 702
●○▲△ 701
●○▲△ 700
●○▲△▽ 699
●○△ 907
○▲△ 906
●○▲△ 905
●○▲△ 904
[3819]
●○▲△ 581
●○△ 580
●○△ 734
○ 733
●○ 732
731
●○ 730

15
○ 3013
●○ 3012
●○△ 3011
372
371
370
●○ 834
833
●○ 832
831
○ 830
●○ 829
○△ 613
○ 612
○ 611
○ 610

16
○ 3047
●○ 3046
●○ 3045
○△ 422
[3828]
○ 420
○ 869
●○▲△ 783
●○▲△ 782
○△ 781
●○△ 780
●○ 746
●○ 677
●○△▽ 676
●○ 729
680
[3829]

17
[3822]
[3821]
[3820]
●○▲△ 445
●○△ 307
●○▲△ 444
○ 3078
●○△ 727
●○▲△ 726
●○▲△ 725
▲△▽ [3823]
●○▲△ 745
●○▲△ 744
●○▲△ 743
●○▲△ 742
○△ 741
●○▲△ 740

18
●○▲△ 973
●○▲△ 972
●○ 971
970
●○▲△ 947
○▲△ 946
●○△ 900
●○△ 608
●○△ 606
[3824]
3341
3340
[3825]
722
721
720

19
●○▲△ 922
○ 921
●○▲△ 920
●○▲△ 919
●○▲△ 918
●○▲△ 402
3776
●○△ 301
○ 400
●○△ 300
[3827]
●○ 977
●○ 976
[3826]
●○ 975

20
3770
●○ 951
●○△ 945
3774
●○△▽ 950
3773
3064
●○ 407
3772
●○ 632
3779
●○△▽ 758
3778
●○△▽ 356
[3830]
●○△ 355
3777

21
●○▲△▽ 712
●○▲△ 739
●○▲△ 738
●○▲△▽ 437
●○▲△ 436
○▲△ 435
●○▲△ 434
●○▲△ 433
●○▲△ 801
●○▲△ 898
●○▲△ 938
○ 3371
○ 543
●○▲△▽ 842
●○△ 841
●○△ 840
○ 839
●○ 838

22
●○▲△▽ B5200
●○▲△▽ BLANC
●○▲△▽ ECRU
○ 3024
3023
○ 3022
3787
○ 3021
●○▲△▽ 822
●○▲△▽ 644
●○▲△▽ 642
●○▲△▽ 640
3790
○△▽ 3033
3782
3032
3781
3031

23
○ 453
452
○ 451
535
○ 3072
○ 648
○ 647
○ 646
○ 645
○ 844
●○▲△ 762
●○▲△▽ 415
●○▲△ 318
●○▲△ 414
○ 317
●○△ 413
3799
●○▲△▽ 310

24
○△ 48
△ 116
△ 62
△ 112
○△ 107
○△ 57
△ 75
○△ 115
○△ 99
○△ 95
△ 126
○△ 52
△ 102

25
124
○△ 93
113
○△ 121
103
△ 67
○△ 91
△ 123
△ 125
○ 101
△ 114
○△ 122
○△ 92

26
△ 94
○△ 104
○△ 90
○ 108
○△ 51
△ 106
△ 111
○△ 61
○△ 105
△ 69
○△ 53